R을 이용한 추천 시스템

Bigdata Intelligence

R을 이용한 추천 시스템

임 일 지음

카오스북
CHAOS BOOK

R을 이용한 추천 시스템

펴낸날	2016년 6월 30일 초판 2쇄
펴낸날	2015년 5월 20일 초판 1쇄
지은이	임일
펴낸이	오성준
펴낸곳	카오스북
주소	서울시 서대문구 연희로 77-12, 505호(연희동, 영화빌딩)
출판등록	제25100-2015-000037호
전화	031-949-2765
팩스	031-949-2766
홈페이지	www.chaosbook.co.kr
편집	디자인 콤마
정가	9,000원
ISBN	978-89-98338-77-0 93000

머리말

이 책은 추천 시스템 기술, 그중에서도 협업필터링(collaborative filtering)에 대해 다룬다. 협업필터링은 아마존이나 넷플릭스와 같은 회사에서 사용하는 추천 시스템의 기반이 되는 기술이다. 협업필터링 기술의 시작은 추천 시스템이었지만, 개인의 맞춤형 서비스가 필요한 광고나 웹페이지 구성 등 다양한 분야에 적용이 가능하다.

이 책에서는 추천 시스템의 의미와 적용사례, 협업필터링의 기본 알고리즘과 추천 성능을 높이기 위해서 고려할 사항을 다루고 있다. 또한 R을 사용해서 실제 기업의 데이터에 알고리즘을 적용하고 분석하는 사례를 보여준다. 또한 독자의 이해를 돕고 스스로 실습할 기회를 주기 위해서 연습문제도 추가하였다.

이 책을 저술할 때, 컴퓨터나 통계에 대한 깊은 지식이 없더라도 큰 어려움 없이 이해할 수 있도록 구성하려고 노력하였다. 본 책을 처음부터 끝까지 순서대로 착실히 따라가면 추천 시스템, 특히 협업필터링에 대한 기본적인 원리와 R을 사용한 분석 방법에 대한 이해가 얻어질 것으로 생각한다. 이 책이 추천 시스템이나 개인화 시스템 구축을 고려하는 분들께 도움이 되었으면 하는 바람이다.

2015년 3월

임일

차례

머리말 v

제1장 추천 시스템 소개 1
- 1.1 추천이란? 3
- 1.2 협업필터링의 알고리즘 7

제2장 추천 알고리즘 적용 분야 11
- 2.1 넷플릭스의 사례 13
- 2.2 아마존의 사례 16

제3장 추천 알고리즘과 분석 설계 19
- 3.1 User-based CF vs. Item-based CF 21
- 3.2 데이터 전처리 23
- 3.3 유사도(Similarity) 계산 25
- 3.4 Neighbor 크기 결정 29
- 3.5 예상 평가값의 계산과 추천 리스트 작성 32
- 3.6 정확도 분석 36

제4장 R을 이용한 추천 시스템 분석 43
- 4.1 R을 이용한 추천모듈(recommenderlab) 사용 45
- 4.2 온라인 유통회사의 추천 시스템 사례 48

4.3 데이터 전처리 50
4.4 R을 이용한 추천 시스템 분석 54
4.5 추천 시스템의 구현 77

제5장 요약 및 결론 81

제6장 연습문제 85

찾아보기 101

제 1 장

추천 시스템 소개

1.1 추천이란?

추천 시스템(Recommender system)이란 사용자의 과거 행동 데이터나 다른 데이터를 바탕으로 사용자에게 필요한 정보나 제품을 골라서 제시해 주는 시스템이다. 추천에는 여러 가지 기술이 있는데 크게 협업필터링(collaborative filtering)과 내용기반 필터링(content-based filtering), 그리고 지식기반 필터링(knowledge-based filtering)으로 나눌 수 있다. 그 외에도 두 개 이상의 기술(예를 들어 협업필터링과 내용기반 필터링)을 결합하는 하이브리드(hybrid) 기술도 있다.

1) 협업필터링(collaborative filtering: CF): 구매/소비한 제품에 대한 각 소비자의 평가를 받아서 평가 패턴이 비슷한 소비자를 한 집단으로 보고 그 집단에 속한 소비자들의 취향을 활용하는 것이다. 예를 들어 A라는 소비자와 제품평가의 패턴이 비슷한 사람들을 골라서 이 사람들이 공통적으로 좋아하는 제품 중에서 A가 아직 접하지 않은

제품을 골라내서 제시하는 기술이다. 이 기술은 사람들의 취향이 뚜렷이 구분되는 제품 (예를 들어 영화나 음악, 패션)의 경우 정확하다고 알려져 있다. 이 기술의 한 가지 한계는 사람들의 평가정보를 구하기 어려울 수도 있다는 점이다. 소비자들에게 제품을 구입한 후에 평가 정보를 요청하면 이를 제공하는 사람이 많지 않다. 이러한 한계를 극복하기 위해서 간접적인 정보를 사용하는 경우가 많다. 예를 들어 어떤 제품에 대해서 계속적으로 정보를 검색하는 것이나 어떤 제품을 쇼핑카트에 넣는 것 등은 그 제품에 대한 관심의 표현이다. 이러한 정보가 온라인에서는 클릭스트림(clickstream)의 형태로 수집되기 때문에 클릭스트림의 분석을 통해서 소비자의 취향이나 니즈를 알아낼 수 있다. 협업필터링의 가장 대표적인 예가 아마존(amazon.com)의 제품 추천 시스템과 넷플릭스(netflix.com)의 영화 추천 시스템이다.

2) 내용기반 필터링(content-based filtering: CB): 소비자가 소비하는 제품 중 텍스트 정보가 많은 제품(예를 들어서 뉴스나 책 등)의 경우에 해당 텍스트의 내용을 분석해서 추천을 하는 기술이다. 텍스트 정보의 분석에 대해서는 문헌정보학 분야에서 오래전부터 연구가 이루어져 왔다. 텍스트 중에서 형태소(명사, 동사 등)를 추려내고 이 중에서도 핵심 키워드가 어떤 것인지를 분석하는 기술이 기본적인 기술이다. 이렇게 추려낸 키워드를 활용해서 소비자의 관심사항에 대한 분석이 가능하다. 예를 들어서, 어떤 소

비자가 현재 관심이 있는 것으로 보이는 책이나 뉴스가 있다면 그 책과 뉴스의 키워드를 추려내고 다른 책이나 뉴스 중에서 비슷한 키워드를 가진 것들을 찾아내서 화면의 상단에 보여주면 소비자가 이들을 클릭해서 볼 가능성이 높을 것이다.

3) 지식기반 필터링(knowledge-based filtering: KB): '사람을 중심으로 한 기술(CF)'과 '정보를 중심으로 한 기술(CB)'의 공통적인 단점은 전체적인 그림이 없다는 것이다. 어떤 소비자가 어떤 제품을 좋아할지에 대한 분석은 가능하지만 "왜 그 제품을 좋아할 것인가?"에 대해서는 답을 해 줄 수 없다. 지식을 중심으로 한 필터링은 특정 분야(domain)에 대한 전문가의 도움을 받아서 그 분야에 대한 전체적인 지식구조를 만들어서 이를 활용하는 방법이다. 전체적인 지식구조는 다양한 형태로 표현될 수 있다. 그 분야의 중요한 개념을 가지고 체계도(ontology)를 만드는 것이 가장 일반적인 방법이다. 우리가 동물을 '종-속-과-목-강-문-계'로 분류하여 체계도를 그리듯이 어떤 분야의 키워드와 그 관계를 그림으로 표시한 것이 체계도이다. 예를 들어 '컴퓨터'라는 분야에서는 가장 중요한 상위 분류가 'PC', '노트북', '태블릿'이 될 것이며 전문가는 이들 각각에 대해서 그 밑에 어떤 것들이 있고, 다시 그 밑에는 또 어떤 것이 있는지 등을 제시할 수 있을 것이다. 이렇게 작성된 체계도를 바탕으로 소비자가 구매한, 혹은 관심 있는 제품과 관련이 있는 제품을 이 체계도에서 찾아서 제시할 수 있다.

지식을 기반으로 한 필터링의 장점은 전체적인 구조를 알 수 있다는 것이고 지식이 중요한 분야 (예를 들면 교육, 와인, 커피 등)에서 효과가 좋다는 점이다. 그렇지만 단점으로는 각 분야에 대해서 전문가가 필요하고, 전문가의 능력에는 한계가 있기 때문에 모든 세세한 분야에 다 적용할 수 없다는 점이다.

4) 하이브리드(hybrid) 기술: 현재 소비자를 위한 필터링은 위에서 얘기한 기술을 한 가지만 사용하는 경우는 별로 없고 대부분 두 가지 이상의 기술을 혼합해서 사용하는 하이브리드 형태로 사용된다. 예를 들어 아마존의 추천 시스템에서도 협업필터링이 주가 되지만 그 외의 다양한 기술이 같이 사용된다. 연구에 따르면 하나의 기술을 사용할 때보다 복수의 기술을 사용하는 경우에 정확도가 향상되고 결합되는 기술의 종류가 많아질수록 더 큰 향상이 이루어진다고 한다. 실제로도 각 기술은 장단점이 뚜렷하기 때문에 이들을 적절히 결합하면 좋은 효과를 볼 수 있다. 이때의 과제는 각 기술을 어떤 방식으로 결합할 것인가 인데, 이것은 각 기업과 산업이 처한 환경에 따라 다르기 때문에 다양한 시도를 해보면서 최적의 방법을 찾는 것이 가장 바람직할 것이다.

이 책에서는 위의 추천 기술 중에서 협업필터링에 대해서 다룬다. 협업필터링이 가장 일반적인 추천 기술이기 때문이기도 하고 R로 가능한 추천 기술이기 때문이기도 하다.

1.2
협업필터링의 알고리즘

우선 협업필터링(CF)은 어떻게 작동을 하는지 알아 보기로 한다. 협업필터링은 기본적으로 취향이 비슷한 사람들의 집단이 존재한다고 가정한다. 그래서 추천의 대상이 되는 사람과 취향이 비슷한 사람들의 집단(Neighbor라고 부름)을 찾아낸다. 그리고 나서 이 집단의 사람들이 공통적으로 좋아하는 제품/서비스를 추천 대상의 사람에게 추천한다는 것이 기본 아이디어이다. 간단한 예가 아래 <그림 1>에 표시되어 있다.

아래 그림은 5개의 영화(M_1~M_5)에 대한 5명의 사용자(U_1~U_5)의 평가에 대한 자료이다. 각 사용자는 영화를 본 후에 영화가 재미 있었는지 재미 없었는지를 점수(5점 만점)로 평가한다. 만일 U_1에게 협업필터링 방법으로 영화를 추천한다면 아래와 같은 과정을 거친다.

1) 우선 U_1과 취향이 비슷한 사용자를 찾아야 한다. 취향은 영화에 대한 평가로 나타날 것이므로 각 사용자의 평가의

User Movie	M_1	M_2	M_3	M_4	M_5	Correlation With U_1
U_1	2	5	3			–
U_2	4	4	3	5	1	0.19
U_3	1	5	4		5	0.89
U_4	3	5	3	2	5	0.94
U_5	4	5	3	4		0.65
Average of U_3 and U_4	2	5	3.5	2	5	

(1 = bad, 5 = good)

그림 1 영화 추천의 예

유사성(Similarity)을 계산해 보면 될 것이다. 맨 오른쪽 열에 U_1과 다른 사용자의 상관계수가 표시되어 있다. 보니까 U_3과 U_4가 U_1과 가장 높은 상관관계를 보이므로 이 둘을 취향이 비슷한 사용자 그룹인 Neighbor로 분류한다.

2) 그 다음 단계는 U_3과 U_4가 가장 좋게 평가한 영화를 찾는 것이다. U_1이 아직 보지 않은 영화인 M_4와 M_5에 대해서 U_3와 U_4의 평가의 평균을 내어보니 각각 2와 5이다(맨 아래 행). 따라서 M_5를 U_1도 좋아할 것으로 예상할 수 있다.

3) M_5를 U_1에게 추천영화로 제시한다.

이상의 설명은 물론 매우 단순화한 것으로 현실에서는 5개의 영화가 아니라 수천에서 수백만까지의 많은 수의 제품과 수천 명에서 많게는 수억 명까지의 사용자를 대상으로 추천을 해야 하기 때문에 문제가 훨씬 복잡해진다.

그 외에 협업필터링에서 고려할 주요 이슈로는 다음과 같은 것들이 있다.

1) 사용자가 제품에 대한 추천의 입력을 꺼려하는 경우에는 어떻게 사용자의 평가 정보를 구할 것인가?
2) 추천을 정확히 하기 위해서 비슷한 취향을 가진 Neighbor를 몇 명으로 할 것인가?
3) 사용자 취향의 유사성(Similarity)을 어떤 기준으로 계산할 것인가?
4) 추천 대상 사용자가 좋아할 제품을 선정할 때 Neighbor인 모든 사람의 평가를 동등하게 평균하면 되는가? 더 정확한 계산 방법은 없는가?
5) 이들 이슈에 대해서는 3장에서 더 자세히 다루도록 한다.

제 2 장

추천 알고리즘 적용 분야

2.1 넷플릭스의 사례[1]

협업필터링 추천 시스템을 가장 성공적으로 사용하는 사례로는 아마존(amazon.com)과 넷플릭스(netflix.com)를 들 수 있다.

넷플릭스(http://www.netflix.com)는 전 세계에 3000만 명이 넘는 고객을 가진 온라인 영화 대여회사이다. 고객들은 한 달에 일정액을 내면 영화를 DVD로 빌려보거나 온라인에서 스트리밍 방식으로 볼 수 있다. 고객은 영화를 보고 나서 본 영화에 대한 평가를 사이트에서 입력할 수 있다. 이 평가를 바탕으로 각 고객에게 맞는 영화를 추천해 주는데, 이 추천이 상당히 정확한 것으로 정평이 나있다.

영화를 하나의 제품으로 보면 고객이 이 제품을 소비하는 과정에서 겪는 큰 어려움은 어떤 영화가 자기에게 맞는지를 판단하는 것이다. 제품의 특성상 영화는 최소한 20~30분 정도는 봐야 그 영화가 자기에게 맞는지를 정확히 판단할

1 임일, "고객도 시장도 빅데이터 홍수, '맞춤형 정보' 필터링이 필요하다," Dong-a Business Review, No. 126, Issue 1, April 2013. 에서 발췌 수정.

그림 2 넷플릭스 영화 추천 화면

수 있다. 넷플릭스가 다른 경쟁자와 차별화되는 것 중 하나가 고객을 위한 영화 추천 시스템이다. 넷플릭스는 영화를 본 고객이 그 영화에 대한 평가를 하면 이를 바탕으로 협업필터링 기술을 사용해서 그 고객이 좋아할 만한 영화를 추천해 주는 CineMatch라는 시스템을 개발해서 가동하고 있다. 고객이 넷플릭스에 로그인을 하면 화면에는 이 시스템이 추천한 영화로 채워지게 된다. 즉, 넷플릭스 웹사이트 자체가 각 고객에게 맞추어서 맞춤화(customized), 더 나아가서 개인화(personalized)된 것이다.

어찌 보면 사소한 서비스일 수도 있는 영화의 추천이 왜 중요할까? 만일 자신에게 맞지 않는 영화를 선택하면 고객은 그 영화를 보면서 시간적, 감정적인 (괜히 봤다는 후회)비용을 지불해야 한다. 이런 경험이 반복되면 영화를 잘 안 보게 될 것이고 결국 고객의 이탈로 이어질 수 있다. 그래서 고객이 좋아하는 영화를 정확히 추천해 주는 것은 넷플릭스 비즈니스의 성패를 좌우할 수도 있다.

실제로 자료에 따르면 고객이 넷플릭스에서 소비하는 영

화 중 약 60%가 이 추천에 의한 것이라고 한다. 거기에다 고객이 넷플릭스에서 영화를 많이 보면 고객의 평가 데이터가 쌓여서 더 정확한 추천을 해주기 때문에 쉽게 다른 회사로 바꾸지 못하는 역할을 한다. 다른 회사로 바꾼 다음에는 넷플릭스만큼 정확한 추천 시스템이 없을 뿐 아니라 있다 하더라도 다시 영화에 대한 평가를 하여야만 정확한 추천을 받을 수 있기 때문이다. 넷플릭스의 고객 이탈률(churn rate)은 4% 이하인 것으로 알려져 있는데, 이것은 영화뿐 아니라 모든 산업을 통틀어서도 가장 낮은 수준이다. 이와 같이 넷플릭스는 자신이 가진 기술을 사용해서 소비자의 정보처리와 제품 선택을 도와 줄 뿐 아니라 자신의 경쟁력 향상에 사용하고 있다.

2.2 아마존의 사례

아마존의 추천 시스템은 협업필터링을 사용한 시스템 중 가장 오래된 것이기도 하고 가장 성공적인 시스템 중 하나이기도 하다. 아마존은 협업필터링을 기반으로 하고 그 외에 다양한 추천 기술을 결합한 하이브리드 기술을 적용하는 것으로 알려져 있다. 또한 사용자의 제품에 대한 평가 데이터를 다양한 방법으로 수집한다고 한다. 아마존 사용자들은 자신이 구입한 제품에 대해서 직접적인 평가(별 5개까지 부여)를 할 수도 있고, 글로써 직접 평가 후기를 남길 수도 있다. 이들 정보가 다 활용이 되며, 또한 그 외에 직접적인 평가는 아니지만 암묵적인 평가라고 할 수 있는 정보도 사용한다. 암묵적인 정보에 해당되는 것은 어떤 제품의 설명 웹 페이지를 방문했는지, 방문했다면 얼마나 오래 머물렀는지, 어떤 제품을 쇼핑카트에 넣었는지, 구매했는지 등이 모두 사용자의 선호를 나타내는 정보이다. 그런데 이들 다양한 정보를 어떤 가중치로 어떻게 계산해서 정확한 최종 선호도를 계산하는지는 오랜 기간 동안의 연구와 시행착오를 거쳐서 정해지는 것으로서, 아마존에서도 엄격한 비밀로 하는 사항이다.

아마존의 추천 시스템은 넷플릭스의 추천 시스템보다 더 복잡하고 어려운 시스템이다. 그 이유는 여러 가지가 있는데, 첫째로 아마존은 취급하는 제품의 종류가 다양하고 사용자 수도 더 많다. 영화의 종류는 최대로 잡아봐야 수만 개이지만 아마존에서 다루는 제품의 종류는 2억 가지에 달한다.[2] 그리고 사용자 수도 넷플릭스는 수천만 명 정도이지만 아마존은 2억 명이 넘는다. 제품이나 사용자 수가 늘어날수록 다루는 데이터의 양은 급격히 늘어난다. 간단한 예로 사용자 수가 10배, 제품 수가 1,000배라면 전체 데이터 크기는 10,000배 차이가 난다. 1기가바이트 대 10테라바이트라면 조금 더 실감이 날 것이다. 넷플릭스의 데이터도 크기가 작은 것이 아니지만 아마존의 데이터는 더 크기 때문에 이를 분석하는 것은 또 다른 차원의 기술을 필요로 한다.

둘째로, 아마존의 시스템이 처리하는 선호 정보의 종류가 더 다양하다. 넷플릭스에서는 사용자가 직접 평가한 평가 점수와 시청을 했는지 안 했는지, 두 가지 정보만 가지고 추천을 할 수 있다. 이에 비해서 아마존에서는 위에서 얘기한 제품 페이지를 얼마나 봤는지, 쇼핑카트에 넣었는지 등등의 다양한 정보를 추천에 사용해야 하기 때문이 이런 정보를 다 수용할 수 있는 복잡한 알고리즘을 사용해야 한다.

셋째로, 아마존은 넷플릭스보다 취급하는 제품의 카테고

2 http://export-x.com/2013/12/many-products-amazon-sell/

리가 많다. 이것은 단순히 제품의 가짓수가 많아서 데이터가 커지는 것과는 다른 문제이다. 사용자는 카테고리가 다른 제품에 대해서는 사용 패턴도 다르고 목적도 다르다. 예를 들어 디지털 카메라와 USB메모리는 구매 주기도 다르고 구매 결정의 기준도 다르다. 골프공과 연극표는 구매하는 목적이 다르고 구매기준도 다르다. 이러한 차이 때문에 한 카테고리의 제품에 대한 정보를 다른 카테고리의 제품 추천에 적용하는 것은 주의해야 하고, 만일 적용한다면 카테고리 간의 관계를 고려해야 한다.

이러한 어려움을 극복하고 아마존은 추천 시스템을 성공적으로 정착시켜 계속 발전시키고 있다. 또한 아마존의 매출에서 추천 시스템이 차지하는 비중이 상당히 크기 때문에 비즈니스에 필수 불가결한 기술이 되었다. 실제로 아마존의 추천 시스템이 정확하기 때문에 고객이 아마존 사이트에서 추천한 제품을 구매하는 비율(conversion rate이라고 부름)은 다른 사이트에 비해서 60% 정도 높다는 분석이 있다.[3]

3 http://fortune.com/2012/07/30/amazons-recommendation-secret/

제 3 장

추천 알고리즘과 분석 설계

3.1 User-based CF vs. Item-based CF

추천 시스템의 알고리즘을 좀 더 자세히 들여다보자. 그리고 추천 알고리즘을 적용하기 위한 데이터의 전처리(pre-processing)와 가능한 알고리즘 중에서 어떤 것을 선택할지를 결정하는 방법에 대해서도 알아보자.

협업필터링은 크게 사용자를 기준으로 하는 User-based CF와 아이템을 기준으로 하는 Item-based CF로 나뉜다. 이 둘의 차이는 유사도를 계산하는 기준이 사용자인가 아이템인가 하는 것이다. User-based CF는 위에서 설명한 것과 같이 비슷한 사용자 그룹(Neighbor)을 알아내고, 이 그룹에 속한 사용자들이 공통적으로 좋게 평가한 아이템을 추천하는 방식이다. Item-based CF는 반대로 사용자들의 평가 패턴을 바탕으로 아이템 간의 유사도를 계산해서 사용자가 어떤 아이템을 구매하거나 좋다고 평가하면 그 아이템과 비슷한 아이템을 추천하는 방식이다.

이 두 가지 방식은 장단점이 있다. 우선 User-based CF는 각 사용자별로 맞춤형 추천을 하기 때문에 데이터가 좋은 경우 정확한 추천이 가능하다. 반대로 Item-base CF는 정확도는 떨어지지만 사용자별로 따로따로 계산하지 않기 때문에 계산이 빠르다는 장점이 있다. 그리고 User-based CF는 정확할 때에는 매우 정확하지만 데이터가 좋지 않은 경우에는 터무니없는 추천을 하는 경우도 상당히 있는 데 비해 Item-based CF는 그럴 위험이 적다. 종합하자면 데이터 크기가 적고 각 사용자에 대한 정확한 정보(구매나 평가)가 있는 경우에는 User-based CF가 맞고, 데이터가 크거나 각 사용자에 대한 정확한 정보가 없는 경우에는 Item-based CF가 맞다고 할 수 있다.

3.2
데이터 전처리

추천 알고리즘을 적용하기 위해 맨 처음 살펴봐야 하는 것은 추천을 적용할 데이터의 종류이다. 사용자의 제품에 대한 평가 데이터는 연속 값(예를 들어 1~5점 평가)일 수도 있고 O 혹은 X 두 가지 값 중 하나로 표시되는 이진 값(예를 들어 클릭했다/하지 않았다)일 수도 있다. 일반적으로는 연속 값을 가지는 평가가 더 정확하고 적용할 수 있는 알고리즘도 많지만, 경우에 따라서는 이진 값밖에 사용할 수 있는 데이터가 없을 수가 있다. 아니면 경우에 따라서 연속 값을 의도적으로 이진 값으로 바꿔서(특정 값 이상은 1, 그 이하는 0으로) 사용하기도 한다. 이에 대해서는 4장에서 다시 다루기로 한다.

어느 경우이든지 데이터를 <그림 1>과 같이 사용자 × 아이템 매트릭스로 표시해야 사용자 간 유사도나 아이템 간 유사도 계산이 쉬워진다. 추천에 사용되는 원 데이터는 웹 로그파일 형태인 경우가 많은데, 로그파일은 중복된 데이터가 많다. 예를 들어 사용자가 어떤 링크를 한 번 눌렀는데, 이것이 두 번으로 기록되기도 하고 '이전' 버튼을 눌렀는데 그것이 앞

페이지를 한 번 더 요청한 것으로 기록되기도 하는 등의 노이즈가 많다. 그래서 실제 추천을 하기 전에 이러한 노이즈를 걸러내고 정리된 데이터를 사용할 필요가 있다. 중복을 걸러내는 간단한 규칙으로는 "같은 사용자가 같은 페이지(아이템)를 일정 시간 내(예를 들면 10분)에 클릭(평가)한 것은 한 번의 클릭으로 한다"와 같은 것을 사용할 수 있다. 이외에도 대상 도메인과 데이터에 맞도록 필요한 노이즈 필터링 규칙을 개발해서 적용할 필요가 있다.

그 다음 필요한 전처리는 평가한 아이템 수가 일정 기준을 넘는 사용자를 골라내는 것이다. 지금 막 가입해서 평가한 아이템이 없는 사용자나, 평가한 아이템이 있지만 수가 아주 작은 사용자는 추천 결과의 신뢰도를 떨어뜨린다. 그 이유는 상관계수와 같은 유사도를 신뢰성 있게 구할 수 있으려면 어떤 기준(예를 들면 3개 혹은 그 이상) 이상의 아이템이 공통적으로 평가되어야 하는데 평가한 아이템이 그 기준 미만인 사용자는 유사도를 계산할 수 없거나 계산할 수 있더라도 결과를 신뢰할 수 없기 때문이다. Item-base CF의 경우도 마찬가지로 구매하거나 평가한 사용자 수가 일정 수 미만인 아이템을 계산에서 제외시키는 것이 필요하다.

3.3

유사도(Similarity) 계산

협업필터링의 첫 번째 단계는 사용자 간 혹은 아이템 간 유사도를 계산하는 것이다. 평가 자료가 연속 값인 경우에 가장 이해하기 쉬운 유사도로는 상관계수(correlation coefficient)가 있다. 상관계수는 통계에서 아주 기본적으로 다루는 것이므로 중요한 내용만 설명하기로 한다.

$$\mathrm{simil}(x, y) = \frac{\sum_{i \in I_{xy}} (r_{x,i} - \bar{r}_x)(r_{y,i} - \bar{r}_y)}{\sqrt{\sum_{i \in I_{xy}} (r_{x,i} - \bar{r}_x)^2 \sum_{i \in I_{xy}} (r_{y,i} - \bar{r}_y)^2}}$$

User-based CF라면 x, y는 유사도의 계산 대상이 되는 두 사용자이고 $r_{x,i}$, $r_{y,i}$는 두 사용자가 공통으로 평가한 아이템(I_{xy})에 대한 이 두 사용자의 평가 값이다. 만일 Item-based CF라면 x, y는 유사도의 계산 대상이 되는 두 아이템이고 $r_{x,i}$, $r_{y,i}$는 두 아이템을 공통으로 평가한 사용자(I_{xy})의 평가 값이다. 상관계수는 최소 −1(완전 불일치)에서 최대 1(완전 일치)까지의 값을 가진다.

상관계수는 이해하기 쉬운 유사도 측정치이기는 하지만 협업필터링에서 사용하는 경우 아주 좋은 결과를 얻지는 못하는 것으로 알려져 있다.[4] 협업필터링에서 연속 값에 대해서 가장 널리 쓰이는 유사도 측정치로는 코사인 유사도가 있다. User-based CF를 기준으로 설명하자면 코사인 유사도는 각 아이템을 dimension으로 보고 사용자의 평가값을 좌표로 본다. 그렇게 되면 각 사용자의 평가값을 벡터로 해서 두 사용자 간의 벡터의 각도 (코사인 값)을 구할 수 있다. <그림 3>에서는 두 아이템 (x, y)에 대해서 평가한 두 사용자(A, B)를 표시하고 있다. 각 사용자의 평가 값을 좌표로 사용해서 원점에서 사용자까지의 선을 그으면 그것이 그 사용자의 벡터가 되고 두 사용자의 평가 값이 유사할수록 각도(θ)가 작다는(코사인 값이 크다는) 것을 알 수 있다.

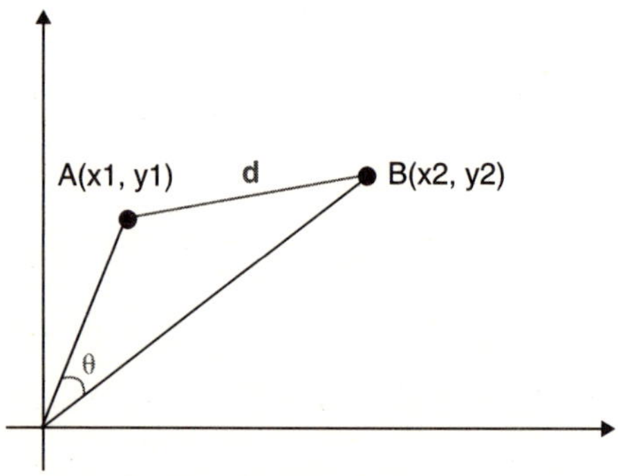

그림 3 코사인 유사도

4 Herlocker, J., J. A. Konstan and J. Riedl. "An Empirical Analysis of Design Choices in Neighborhood-Based Collaborative Filtering Algorithms." *Information Retrieval*, vol. 5, no. 4 (2002): 287-310.

코사인 유사도의 계산식을 일반화하면 아래와 같다. User-based CF의 경우 x, y는 유사도 계산 대상이 되는 두 사용자이고, $r_{x,i}$, $r_{y,i}$는 이 두 사용자가 공통적으로 평가한 아이템(I_{xy})에 대한 평가 값이다. Item-based CF라면 x, y는 유사도 계산 대상이 되는 두 아이템이고, $r_{x,i}$, $r_{y,i}$는 이 두 아이템을 공통적으로 평가한 사용자(I_{xy})의 평가 값이다. 코사인 값은 최소 −1(완전 불일치)에서 최대 1(완전 일치)까지의 값을 가진다.

$$\text{simil}(x, y) = \cos(\vec{x}, \vec{y}) = \frac{\vec{x} \cdot \vec{y}}{\|\vec{x}\| \times \|\vec{y}\|} = \frac{\sum_{i \in I_{xy}} r_{x,i} r_{y,i}}{\sqrt{\sum_{i \in I_x} r^2_{x,i}} \sqrt{\sum_{i \in I_y} r^2_{y,i}}}$$

만일 데이터가 이진 값을 갖는다면 위의 상관계수나 코사인 유사도는 사용할 수 없다. 이 경우 널리 사용되는 유사도 계산 식으로는 타니모토 계수(Tanimoto coefficient)가 있으며 그 식은 아래와 같다.

$$\text{simil}(x, y) = \frac{c}{a + b - c}$$

여기서

- a: 사용자 x가 1의 값을 갖는 (구입한, 혹은 클릭한)아이템의 수
- b: 사용자 y가 1의 값을 갖는 (구입한, 혹은 클릭한)아이템의 수

c: 사용자 *x*와 *y*가 공통적으로 1의 값을 갖는 아이템 수

식을 보면 알 수 있듯이 타니모토 계수는 최소 0(완전 불일치), 최대 1(완전 일치)까지의 값을 갖는다. 위의 설명은 User-based CF의 경우이고, 타니모토 계수를 Item-based CF에 적용하는 경우에는, *a*가 아이템 *x*에 대해서 1의 값을 갖는 (구매한, 혹은 클릭한)사용자의 수이고 *b*는 아이템 *y*에 대해서 1의 값을 갖는 사용자 수이며 c는 아이템 *x*와 *y*에 대해서 공통적으로 1의 값을 갖는 사용자의 수이다. 타니모토 계수는 계산식은 간단하지만 협업필터링에서 상당히 좋은 결과를 보여주는 것으로 알려져 있다.

그 외에도 수많은 유사도 계산식이 있지만 이 책에서는 이 세 가지를 가지고 설명과 실습을 하기로 한다.

3.4 Neighbor 크기 결정

그 다음으로 결정할 것은 비슷하다고 생각되는 사용자 그룹(Neighbor)의 크기를 정하는 것이다. Neighbor를 정하는 것은 User-based CF에 해당하는 것이고 보통 Item-based CF는 Neighbor의 개념이 필요 없다.

일반적으로 Neighbor의 크기는 <그림 4>에 나타나 있는 것과 같이 증가하면서 추천의 정확도가 증가하다가 어느 시

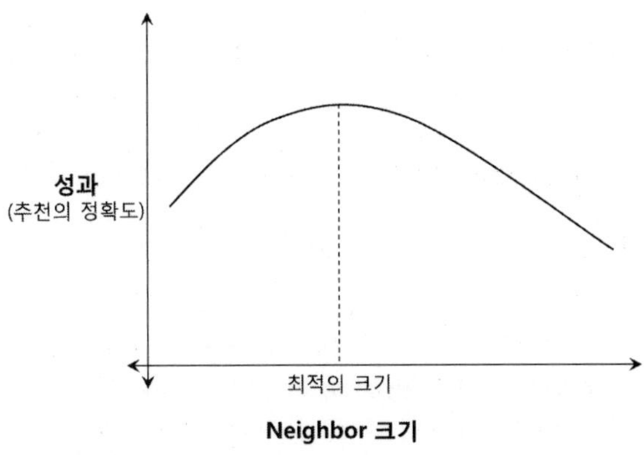

그림 4 Neighbor 크기와 추천 정확도

점 이후에는 감소하는 형태를 보인다. 즉, 추천의 정확도를 최대로 하는 최적의 Neighbor 크기가 존재한다.

구체적으로 Neighbor 크기가 얼마일 때 최적이 되는지는 도메인에 따라 차이가 있음이 알려져 있다.[5] 따라서 주어진 도메인의 최적의 Neighbor 크기를 찾기 위해서는 Neighbor 크기를 바꿔가면서 어느 크기가 추천의 정확도를 최고로 하는지를 실험을 통해서 찾아야 한다.

Neighbor를 결정하는 데 또 하나 고려할 사항은 Neighbor를 정하는 기준이다. 크게 두 가지 방법이 존재하는데, 하나는 Neighbor의 크기를 미리 정해놓고 추천 대상 사용자와 가장 유사한 N명을 선택하는 'Top-N Best Neighbors (혹은 Best-N Neighbors)' 방법이고, 또 다른 하나는 크기 대신 유사도의 기준(예를 들면 상관계수 0.8 이상)을 정해 놓고 이 기준을 충족시키는 사용자를 Neighbor로 정하는 'Thresholding' 이다. <그림 5>에 표시된 바와 같이 'Top-N Best Neighbors' 방법은 N이라는 Neighbor의 크기를 미리 정하고 상위 N명을 Neighbor로 정한다. 'Thresholding'에서는 유사도가 기준(S)을 넘는 사용자를 사람 수에 관계없이 선택한다. 일반적으로는 'Thresholding' 방법이 'Top-N Best Neighbors'보다 정확하기는 하지만 정해진 기준을 넘는 사용자가 없어서 추천

5 Im, Il and Alexander Hars. "Does a One-Size Recommendation System Fit All? The Effectiveness of Collaborative Filtering Based Recommendation Systems across Different Domains and Search Modes." *ACM Transactions on Information Systems(TOIS)*, vol. 26, no. 1 (2007).

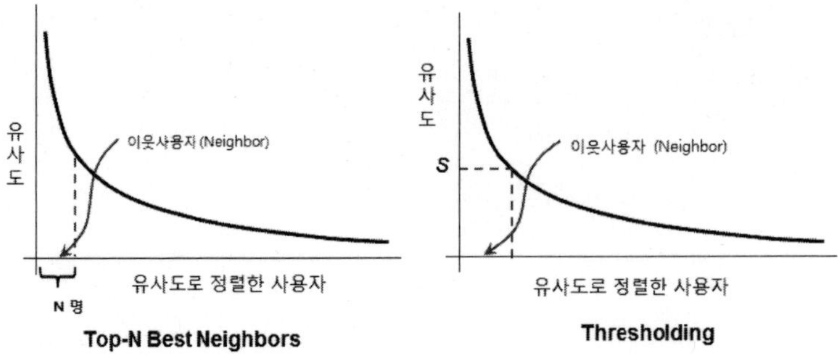

그림 5 Top-N Best Neighbor와 Thresholding

을 하지 못하는 경우가 많기 때문에 'Top-N Best Neighbors'가 더 무난하게 많이 쓰인다.

3.5

예상 평가값의 계산과 추천 리스트 작성

어떤 추천 대상 사용자에 대한 Neighbor가 결정이 되었으면 이 Neighbor에 속하는 사용자들의 평가 값을 바탕으로 추천 대상 사용자가 각 아이템을 얼마나 좋아할지를 계산하여야 한다.

우선 User-based CF의 경우를 설명한다. <그림 1>의 예에서는 단순히 Neighbor에 속한 사용자(이웃 사용자)의 각 아이템에 대한 평가의 평균을 내었다. 실제로는 이보다 더 정확한 예측을 위해 다양한 방법이 사용된다.

우선, 가장 먼저 생각할 수 있는 것은 추천 대상 사용자와 각 이웃 사용자 간의 유사도가 다른데, 당연히 유사도가 높은 사용자의 평가치에 더 높은 가중치를 주어야 할 것이다. 그래서 각 이웃 사용자와 추천 대상 사용자와의 유사도와 아이템의 평가치를 가중 평균한 것을 추천 대상 사용자의 예상 평점(평가 값)으로 사용할 수 있다. 수식으로 표시하면 아래와 같다. 이 수식에서 볼 수 있듯이 이웃 사용자 중에서도 해당 아이템에 대한 평가 값이 있는 경우에만 예상 평점 계산에 그 사용자의 평점이 반영된다.

$$p_{a,i} = \frac{\sum_{u=1}^{n} w_{a,u} * r_{u,i}}{\sum_{u=1}^{n} w_{a,u}}$$

a: 사용자, u: 이웃 사용자, n: 이웃 사용자의 수

$P_{a,i}$: 아이템 i에 대한 사용자 a의 예상 평점

$w_{a,u}$: 사용자 a와 u의 유사도

$r_{u,i}$: 아이템 i에 대한 사용자 u의 평점

위의 방법의 한 가지 문제는 사용자에 따라 평가 경향이 다른데 이것이 반영되지 않는다는 것이다. 예를 들어 이웃 사용자 중 일부가 평가 경향이 매우 박한데(점수가 낮음), 우연히 이들만 특정 아이템에 대한 평가 값이 존재하는 경우에는 이 아이템에 대한 예상 평점이 낮게 나오는 오류가 생길 수 있다. 이런 문제를 개선하기 위해서 각 이웃 사용자의 평가 경향을 예상 평점 계산에 적용하는 개선된 방법이 고안되었다. 먼저, 각 이웃 사용자의 평균 평점을 계산한다. 아이템 i에 대해서 예상 평점을 계산한다면 각 이웃 사용자들의 i에 대한 원래 평점과 해당 이웃 사용자의 평균 평점과의 차이, 즉 아이템 i의 평점이 평균에서 얼마나 떨어져 있는가를 해당 이웃 사용자의 유사도로 가중 평균해서 예상 평점을 계산한다. 이 예상 평점은 이웃 사용자들의 평점을 바탕으로 계산한 아이템 i의 예상 '평균과의 차이값'으로 해석할 수 있다. 그래서, 이 값을 추천 대상 사용자의 평점 평균에 더하면 아이템 i에 대

한 좀 더 정확한 예상 평점이 계산될 것으로 예상할 수 있다.

$$p_{a,i} = \overline{r_a} + \frac{\sum_{u=1}^{n} w_{a,u} * (r_{u,i} - \overline{r_u})}{\sum_{u=1}^{n} w_{a,u}}$$

a: 사용자, u: 이웃 사용자, n: 이웃 사용자의 수

$P_{a,i}$: 아이템 i에 대한 사용자 a의 예상 평점

$w_{a,u}$: 사용자 a와 u의 유사도

$r_{u,i}$: 아이템 i에 대한 사용자 u의 평점

$\overline{r_a}$: 사용자 a의 전체 평점 평균

$\overline{r_u}$: 사용자 u의 전체 평점 평균

그 외에도 예상 평점의 정확성을 높이기 위해서 사용하는 방법 중에 한 가지만 더 추가로 설명하기로 한다. 추천 대상 사용자와 이웃 사용자와 유사도를 계산하는 방법은 위에서 설명하였는데, 같은 유사도라도 계산의 근거가 되는 공통 아이템 수가 몇 개인가에 따라 그 유사도 측정치의 신뢰도는 다르다고 할 수 있다. 예를 들어 추천 대상 사용자와의 유사도가 이웃 사용자 A는 0.8, 다른 이웃 사용자 B는 0.7이라고 하자. 이때 사용자 A와 추천 대상 사용자가 공통으로 평가한 아이템의 수는 3개이고 사용자 B와 추천 대상 사용자가 공통으로 평가한 아이템의 수는 10개라면 0.8보다는 0.7이 오히려 더 높은 신뢰도를 가지고 있다고 볼 수 있다. 협업필터링의 정확도를 떨어트리는 것 중 하나가 과도적합(over-fitting)이다. 위의 예에서 아이템의 수가 3개밖에 안 되는 0.8을 가지고 추

천을 하는 경우, 표면 값으로 볼 때에는 매우 정확한 추천이 가능할 것처럼 예상된다. 그렇지만 실제 추천의 결과는 3개의 아이템에 기반한 것이기 때문에 부정확하게 될 가능성이 높다. 이와 같이 신뢰도를 희생해서 정확도의 표면 값을 높이는 것을 과도적합이라고 한다. 이런 문제를 피하기 위해서 추천 대상 사용자와 이웃 사용자와의 공통 아이템 수에 따라 가중치를 부여하는 것을 신뢰도 가중(significance weighting)이라고 한다. 즉, 위의 예상 평점 계산식에 공통 아이템의 수를 추가의 가중치로 곱해서 최종 예상 평점을 계산하는 방식이다.

이렇게 계산된 각 아이템의 예상 평점을 가지고 높은 순서대로 대상 사용자에게 추천을 해주면 된다. 목적에 따라 상위 1개만 추천할 수도 있고 상위 n개를 골라서 추천할 수 있다. 이것은 시스템의 특성과 목적에 따라 달라질 것이다.

Item-based CF의 경우는 각 아이템에 대한 예상 평점을 사용자별로 계산할 필요가 없다. 어떤 사용자가 특정 아이템을 선택(구매 혹은 클릭)하였다면 해당 아이템과 유사도가 높은 아이템을 추천하면 된다. 만일 추천 대상 사용자가 여러 개의 아이템을 선택하였다면, 선택된 각 아이템과 다른 아이템의 유사도를 평균해서 최종 리스트를 작성하면 된다. 즉, Item-based CF에서는 서로 다른 사용자라도 같은 아이템을 선택하는 한 모두 같은 아이템을 추천 받게 된다.

3.6 정확도 분석

협업필터링을 기반으로 한 추천 시스템은 위에서 설명한 것과 같이 User-based냐 Item-based냐부터 시작해서 유사도 측정 방법, Neighbor 선정방법과 크기 등 결정해야 할 것이 많다. 최적의 결과를 위해서는 어떤 세팅이 더 좋은 결과를 가져오는지를 평가해야 한다. 추천 시스템의 정확도를 평가하는 방법은 여러 가지가 있을 수 있지만 가장 널리 쓰이는 방법은 시뮬레이션(Simulation)이다. 이 방법에서는 데이터를 두 개의 세트로 나누고 하나의 데이터 세트(Training set)를 사용해서 다른 세트(Validation set)의 추천을 만들어낸다(좀 더 정확하게는 다른 세트의 아이템의 예상 평가값을 계산해 낸다).

User-based CF의 경우의 이러한 평가 방법의 예가 <그림 6>에 설명되어 있다. 총 m개의 아이템과 n명의 사용자가 있는데, 이 중에서 2명의 사용자와 3개의 아이템을 대상으로 정확도를 평가하기로 했다고 하자. 이 경우 2명의 사용자($User_{n-1}$과 $User_n$)의 3개의 아이템($Item_{m-2}$, $Item_{m-1}$, $Item_m$)에 대한 평가가 validation set이고 그 나머지가 training set이 된

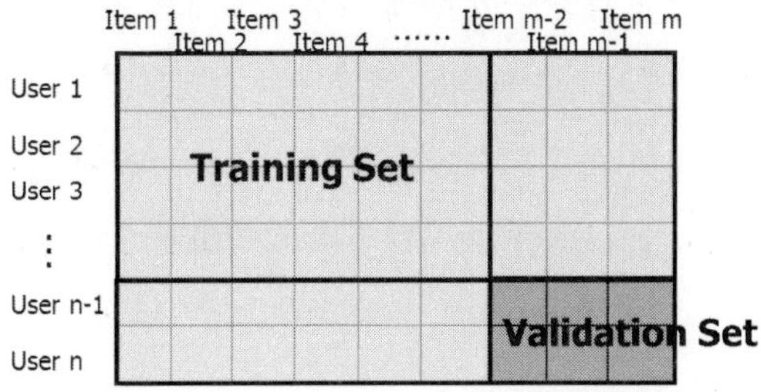

그림 6 Training Set과 Validation Set을 사용한 정확도 측정

다. 우선, validation set이 없는 상태에서 training set만을 가지고 validation의 예상 평점을 계산한다. 이 경우, validation set의 실제 평점을 가지고 있기 때문에 이렇게 계산된 예상 평점과 실제 평점과의 차이를 계산할 수 있으며, 이것이 정확도라고 할 수 있다.

정확도는 validation set과 training set에 누가 들어가는지, validation set에 몇 명의 사용자와 몇 개의 아이템을 넣는지 등에 따라서 달라질 수 있다. 그래서 좀 더 정확한 평가를 위해 training set과 validation set의 구성을 바꿔가면서 정확도를 계산해 볼 필요가 있다. 또한 validation set에 들어가는 사용자 수와 아이템 수도 다양하게 바꿔가며 계산해 볼 필요가 있다.

정확도 측정은 크게 각 아이템의 예상 평점과 실제 평점의 차이를 계산하는 방법과 추천한 아이템과 사용자의 실제 선택을 비교하는 방법이 있다. 우선, 위에서 설명한 방법에 따라 validation set에서 각 사용자가 실제로 평점을 부여한 아이템에 대한 예상 평점을 구한 후에 이것과 실제 평점 간의 차이를 계산한다. 구체적으로 차이를 계산하는 수식으로는 아래와 같은 지표가 많이 사용된다. 이 경우에 두 평점 간에 차이가 적을수록, 즉 아래 측정지표가 작을수록 정확하다고 볼 수 있다.

MAD(Mean absolute deviation) =

$$\frac{\sum_{i=1}^{n}\sum_{j=1}^{m}(|r_{i,j} - p_{i,j}|\, if\, r_{i,j} \neq null,\, 0\, otherwise)}{k}$$

MSE(Mean squared error) =

$$\frac{\sum_{i=1}^{n}\sum_{j=1}^{m}\left((r_{i,j} - p_{i,j})^2\, if\, r_{i,j} \neq null,\, 0\, otherwise\right)}{k}$$

RMSE(Root mean squared error) = $\sqrt{MSE}$

여기서 n: validation set에 있는 사용자의 수
m: validation set에 있는 아이템의 수
$r_{i,j}$: 사용자 i의 아이템 j에 대한 실제 평점
$p_{i,j}$: 사용자 i의 아이템 j에 대한 예상 평점
k: 정확도 계산에 포함된 총 아이템 수

다음으로 추천한 아이템과 사용자가 실제 선택한 아이템을 비교하는 방법을 살펴보기로 하자. 데이터가 이진수(예를 들어 선택했다/안했다)인 경우에는 예상 평점은 계산이 가능하지만 실제 평점과 비교할 수가 없다. 그래서 이진수의 경우에는 추천 아이템과 사용자가 실제 선택한 아이템을 비교해

야 한다. 위에서 설명한 기준에 따라 추천 아이템이 결정되면 이를 사용자의 실제 선택과 비교한다. 이때 추천 시스템의 성능을 평가하는 중요한 두 가지 측정지표는 정확도(precision)와 재현율(recall)이다. 이 두 지표는 문헌정보학 분야에서 유래된 것으로서 각 측정 지표의 식은 아래에 있다.

$$\text{정확도(Precision, Accuracy)} = \frac{\text{사용자가 실제 선택한 아이템의 수}}{\text{전체 추천된 아이템의 수}}$$

$$\text{재현율(Recall)} = \frac{\text{맞는 추천 아이템의 수}}{\text{사용자가 선택한 전체 아이템 수}}$$

$$\text{F 측정치(F measure)} = \frac{2 \times \text{정확도} \times \text{재현율}}{\text{정확도} + \text{재현율}}$$

$$\text{범위(Coverage)} = \frac{\text{추천이 가능한 사용자 수(혹은 아이템 수)}}{\text{전체 사용자 수(혹은 아이템 수)}}$$

정확도는 추천 시스템이 추천한 아이템 중 실제 사용자가 좋아하는(맞는) 아이템의 비율이다. 예를 들어 추천 시스템이 10개를 추천했는데 validation set의 실제 데이터를 봤더니 사용자가 실제로 선택한(구매 혹은 클릭한) 아이템이 6개였다면 정확도는 0.6 (= 6/10)이 된다.

재현율은 사용자가 실제로 좋아하는 아이템 중에서 몇 개의 아이템을 맞췄는가 하는 것이다. 위의 같은 예에서 validation set을 보니 사용자가 선택한 아이템의 수가 총 12개였다면 추천 시스템이 이 중 6개를 맞췄으므로 재현율은 0.5 (= 6/12)가 된다.

정확도와 재현율은 서로 반대의 관계(trade-off)가 있다. 재현율을 높이기 위해서 추천하는 아이템의 수를 늘리면 정확도가 낮아지고 정확도를 높이기 위해 추천하는 아이템의 수를 줄이면 재현율이 낮아지기 때문이다. 그래서 정확도와 재현율을 동시에 고려하는 F 측정치를 많이 사용한다.

범위는 전체 사용자(혹은 아이템) 중에서 추천이 가능한 사용자(아이템)의 비율을 말한다. 사용자가 평가한 아이템의 수가 적다면 충분한 이웃 사용자를 확보하지 못해서 추천을 못하는 경우가 생길 수 있다. 예를 들어, Neighbor 크기를 최적의 크기보다 줄이면 추천 가능한 사용자가 많아져서 범위는 높아지지만 정확도는 떨어진다. Item-based CF의 경우는 전체 아이템 중에서 다른 아이템과 유사도를 계산할 수 있는 아이템의 비율이 범위가 된다. 사용자와 마찬가지로 평가의 수가 적은 아이템은 유사도를 계산할 수 없는 경우가 있다. 그래서, 기준을 낮추면(유사도 계산을 위한 최소 사용자의 수) 범위는 올라가지만 정확도는 떨어진다.

이상의 성과 측정 지표를 추천 시스템 성과 측정에 맞도록 약간 수정해서 설명하기로 한다. <그림 7>은 어떤 추천 시스템이 한 사용자를 대상으로 추천을 하는 경우이다. Validation set에 있는 전체 아이템 ($a + b + c + d$) 중에서 그 추천 시스템이 $b + d$를 사용자가 선택했을 것으로 예상하고 이를 추천했다(predicted)고 하자. 그 사용자가 실제로 선택(actual)한 아이템은 $c + d$이다. 이때 정확도는 시스템이 정확하게 분류한 비율이므로 정확히 분류한 아이템인 a(추천하지 않았는데 사용자도 실제로 선택 안 함)와 d(추천했는데 사용자가 실제로 선택)의 수를 전체 아이템 수 $(a + b + c + d)$로 나눈 것이 된다. 재현율은 사용자가 실제로 선택한 아이템의 수$(c + d)$ 중 시스템이 맞춘 아이템의 수(d)의 비율이 된다. 여기에서 또 다른 용어로는 True positive recommendation(TPR: 추천 시스템이 추천한 아이템 중 사용자가 선택한 아이템의 비율)과 False positive recommendation(FPR: 추천 시스템이 추천했는데 사용자가 선택하지 않은 아이템의 비율)이다. 여기에서 TPR은 39페이지에서 설명한 precision과 같은 개념이다. 일반적으로 대상 아이템이 유한한 경우 <그림 7>의 정확도 개념을 사용하고 대상 아이템이 무수히 많은 경우(즉, 그림에서 a의 수를 알 수 없는 경우)에는 39페이지에서 설명한 정확도 개념을 사용한다.

actual \ predicted	negative	positive
negative	a	b
positive	c	d

$$\text{Precision} = \frac{a+d}{a+b+c+d} \qquad \text{Recall} = \frac{d}{c+d}$$

$$\text{TPR(True positive recommendation)} = \frac{d}{b+d}$$

$$\text{FPR(False positive recommendation)} = \frac{b}{b+d}$$

그림 7 추천 시스템의 성과 측정 지표

제 4 장

R을 이용한 추천 시스템 분석

4.1

R을 이용한 추천모듈 (recommenderlab) 사용

R에는 추천에 관련된 다양한 분석을 할 수 있는 모듈로서 recommenderlab이 있다. recommenderlab은 2014년 8월 현재 0.1-4 버전까지 나와 있으며 아래와 같은 기능이 있다.

— 추천 알고리즘을 적용해서 추천하기
— 다양한 추천방법을 바꿔 가면서 적용하기
— 추천 정확도 분석을 위한 시뮬레이션

recommenderlab을 사용하기 위한 기본적인 사항을 실습해 보기로 한다. 우선 recommenderlab을 설치해야 하고, 추천 시스템을 위한 데이터를 준비하고, 적절한 추천 알고리즘을 알아내는 것이 필요하다.

1) recommenderlab의 설치

```
Install.packages("recommenderlab")
```

명령어를 사용하여 직접 패키지를 설치하여 보자.

위와 같이 직접 명령어 코드를 입력하여 설치할 수도 있지만, RStudio (http://www.rstudio.com/) 인터페이스를 이용하면 패키지 이름을 정확히 외우지 않고도 설치가 가능하다.

<그림 8>은 RStudio 인터페이스에서 우측 하단에 위치한 패널이다. 이 패널의 Packages탭에서 여러 패키지들의 업데이트와 간편한 설치 및 삭제가 가능하다. 가장 앞에 위치한 Install 버튼을 클릭하면 <그림 9>와 같은 서브 창이 뜬다.

<그림 9>에서와 같이 설치하고자 하는 패키지 철자의 일부분을 입력하면 해당 철자로 시작하는 패키지들을 보여준다. recommenderlab을 선택하고 install 버튼을 클릭한다.

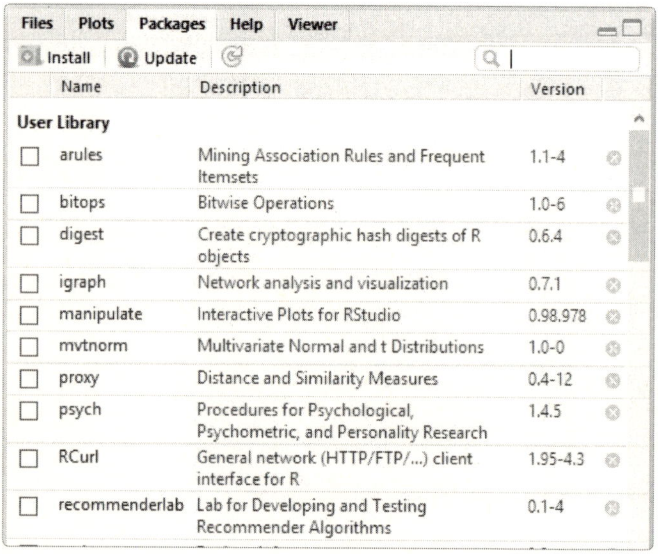

그림 8 RStudio 패널

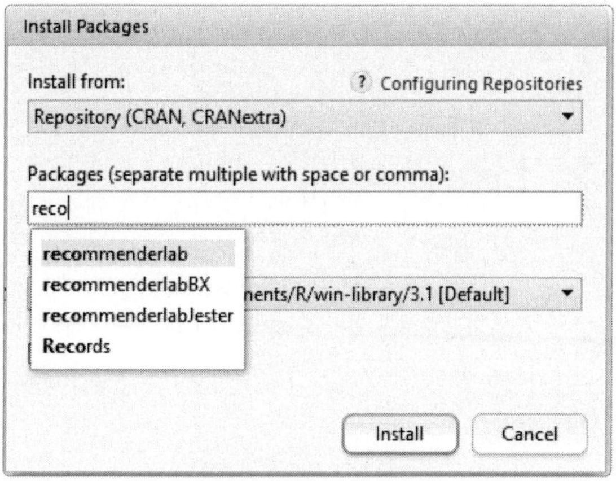

그림 9　패키지 인스톨 화면

2)　recommenderlab 로드하기

```
library(recommenderlab)
```

패키지 설치 후, 사용을 위해서는 아래의 명령어로 로드한다.

직접 명령어를 입력하지 않고, RStudio의 패널에서 <그림 10>과 같이 사용하고자 하는 패키지의 앞에 위치한 네모상자를 체크해 주어도 된다.

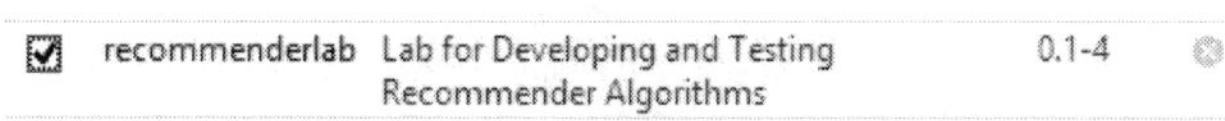

그림 10　recommenderlab 로드

4.2
온라인 유통회사의 추천 시스템 사례

이 장에서는 실제 기업의 데이터로 추천 시스템 분석을 해보도록 한다. 대상 기업은 온라인에서 운동 보조제를 판매하는 회사(편의상 ABC회사라고 한다)이다. 이 회사의 약 2년간의 자료를 수집하였는데, 그대로 사용하면 데이터가 커서 실행하는 데 많은 시간이 걸린다. 그래서 연습의 효율성을 위해서 랜덤샘플링을 통해 데이터를 약 1/50 정도로 줄여서 약 5,000명의 거래자료를 추출하여 실습에 사용하기로 한다.

1) 데이터 수집

해당 온라인 유통회사의 데이터 구조는 총 5개의 테이블로 구성되어 있으며, 우리는 이 중에서 <그림 11>과 같이 두 개의 테이블의 데이터를 활용하여 추천 시스템을 구현한다.

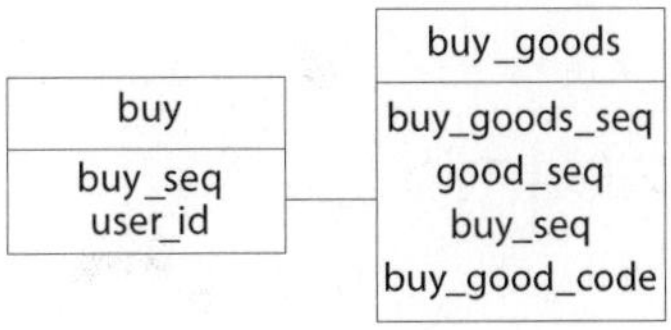

그림 11　사용할 테이블의 데이터 구조

앞의 테이블은 정보를 담고 있는 많은 컬럼들로 구성되어 있지만, 여기에서는 <그림 12>와 같이, 우리가 사용하는 데이터 스키마 일부만 살펴보도록 한다.

Table buy

buy_seq	주문 일련 번호
User_id	아이디/비회원키
Buy_code	주문코드 (주문번호)
...	...

Table buy_goods

buy_good_seq	주문 상품 일련번호
buy_seq	주문 일련 번호
buy_good_code	상품코드
buy_good_name	상품명
...	...

그림 12　데이터 스키마

위의 데이터를 조합하여 우리는 아이템을 구입한 고객의 식별아이디와 해당 고객이 구입한 아이템의 상품명, 구입 횟수 등의 정보를 얻게 된다. 이에 대한 자세한 내용은 4.3절에서 자세히 살펴보도록 하자.

4.3
데이터 전처리

1) Data Loading

데이터가 존재하는 위치에서 테이블 데이터를 읽어들인다.

```
Buy<-read.csv("D:/Buy.csv",head=TRUE,sep=",")
buygoods<-read.csv("D:/buygoods.csv",head=TRUE,
    ➥sep=",")
```

2) Table Join

주문정보 테이블(Buy)과 상품정보 테이블(buygoods), 두 개의 테이블을 Primary Key (buy_seq)로 병합하여 어떤 사용자(User_id)가 어떤 아이템(buy_good_code, buy_good, name)을 구입하였는지를 나타내는 하나의 테이블을 생성하자.

Buy

Buy _seq	User_id	Buy_ code
2014	User1	b5013O
2015	User2	b5014M
2016	User3	B5017e
...	...	...

buygoods

buy _good _seq	buy _seq	buy _good _code	buy _good _name
240013	2014	o_302405	UrProtein
240014	2015	m_329485	MuscleUp
240015	2016	c_3925993	manPower
...	...	...	...

그림 13 병합 전 테이블들

두 개의 테이블을 병합하기 위해서는 아래와 같은 명령을 실행한다.

```
Transaction<-merge(Buy,buygoods,by="buy_seq")
```

Table Transaction

Buy_seq	User_id	Buy_code	buy_ good_ seq	buy_ good_ code	buy_ good_ name
2014	User1	b5013O	240013	o_302405	UrProtein
2015	User2	b5014M	240014	m_329485	MuscleUp
2016	User3	B5017e	240015	c_3925993	manPower
...	...	...	...	...	...

그림 14 병합한 테이블

3) Data Cleansing

기업에서 가지고 있는 raw data들은 종종 같은 상품들을 다른 상품코드로 관리하는 경우가 있다. 각각 용량이 다른 상품들이거나 또는 직원의 실수에 의한 경우 등이다. 아래 <그림 15>는 이름의 띄어쓰기가 다르게 되어 있거나 용량이 달라 다른 상품코드를 가지게 된 경우들을 보여주고 있다.

buy_good_seq	buy_seq	buy_good_code	buy_good_name
240013	2014	m_329484	MuslceUp10ml
240014	2015	m_329485	MuscleUp
240015	2016	m_329486	Muscle up
...	...	...	...

그림 15 클렌징 전 데이터

```
buy_good_name[grep("Muscle", buy_good_name)]<-
    ➥"MuscleUp"
```

grep 명령어를 사용하여 Muscle이라는 단어가 포함되어 있는 'buy_good_name' vector를 선택하고, 해당 vector 안에 선택된 단어를 모두 MuscleUp이라는 이름으로 치환한다.

4) User ID factorization

보안이나 시스템 속도를 위하여 char형인 사용자 아이디를 factorizing된 데이터로 변환하여 사용해야 하는 경우가 있다.

```
data[,1]<-as.numeric(factor(data[,1]))
```

위의 명령을 실행하면 char형의 사용자 아이디들이 고유의 값을 갖는 숫자로 변환된다. 위의 코드에서 data뒤에 '[,1]'과 같이 입력하면 데이터의 첫 번째 열을 의미한다. 데이터에서 사용자 아이디는 첫 번째 열에 위치하기 때문이다.

4.4
R을 이용한 추천 시스템 분석

1) User-based CF

우선 User-based CF에 대한 실습을 하기로 한다.

❶ 데이터 읽어 들이기

사용하고자 하는 파일 위치에서 read.csv( ) 명령어로 데이터를 읽어 들인다.

```
data<-read.csv("D:/sample.csv",head=FALSE,sep=",")
```

CSV 포맷의 파일은 구분값이 쉼표인데, 위의 코드에 있는 sep 명령어로 이 구분자를 ,로 지정해 준다. CSV 파일에 헤더(변수이름이 들어 있는 첫 번째 행)가 없는 경우, head를 FALSE로 지정한다.

❷ 추천 알고리즘 적용해서 추천하기

불러온 데이터를 이용하여 본격적으로 추천 시스템을 구현해 보자.

```
r <- as(data, "realRatingMatrix")
```

Recommenderlab 패키지에서는 데이터를 저장하는 형태로 두 가지 클래스(class)를 지원하는데, 그 두 가지 클래스는 realRatingMatrix, binaryRatingMatrix이다. realRatingMatrix는 영화에 대한 평가와 같이 연속값을 갖는 자료에 대해서 사용되는 클래스이고, binaryRatingMatrix는 평가가 이진수(클릭했다/안했다와 같이)인 경우에 사용되는 클래스이다. ABC회사 자료의 경우에는 값이 연속값(구매회수)을 가지므로 User-based CF 실습에서는 realRatingMatrix를 사용하여 실습하도록 한다. 구매 횟수가 많을수록 평가가 높은 것인가에 대해서는 이견이 있을 수 있지만 실습의 목적으로 일단 그대로 사용하기로 한다.

협업필터링(CF) 추천 시스템은 기본적으로 기계학습(machine learning)이므로, 모델을 생성하기 위한 학습데이터(training data)가 필요하다.

```
traningData<- sample(4945,4500)
trainingSet<-r[traningData]
```

이 책에서 제공하는 데이터는 4,945명의 사용자에 대한 구매데이터이다. 우리는 여기서 학습데이터로 4,500명의 사용자를 랜덤 샘플링하여 학습데이터 셋(training set)을 구성하도록 한다.

```
trainingSet<-trainingSet[rowCounts(trainingSet)>5]
```

추천을 실행하기 전에 적합한 아이템을 고를 필요가 있다. 위의 코드는 행(row)의 총합이 최소 5이상 되는 아이템들만 선택하여 추천 계산식에 이용하도록 하는 코드이다. 행(row)의 숫자를 세는 이유는 데이터프레임(data frame)의 형태로 읽어 들인 데이터는 행렬(matrix)형태로 변환되면서 행(row)에는 사용자의 정보가, 열(column)에는 아이템 정보로 채워지게 되기 때문이다. 즉, 위의 코드는 각 아이템을 구매한 사용자 수가 5이상인 아이템을 고르라는 의미가 된다. 위의 작업을 하는 이유는 아주 적게 팔린 아이템, 즉 독특한 취향의 사용자만이 찾는 소수의 아이템이 추천 계산식에 포함되면 추천 성능을 저하시키고, 왜곡된 추천결과를 내놓을 수 있기 때문이다. 아이템이 아니라 독특한 취향을 가진 사용자들을 분리하여 따로 처리하는 방법도 있으나 여기에서는 간단하게 아이템을 제외시키는 방법을 사용해 보도록 하자.

```
> trainingSet<-trainingSet[rowCounts(trainingSet)>5]
> as(trainingSet, "matrix")
       19 20 21 23 24 25 26 27 29 30 31 32 33 34 35 36 37 38
121505 NA  1 NA NA NA NA NA NA NA NA NA NA NA NA NA NA NA NA
106605 NA NA NA NA NA  2 NA NA NA NA NA NA NA NA NA NA NA NA
123863 NA  8 NA NA NA NA NA NA NA NA NA NA NA NA NA NA NA NA
```

그림 16 데이터 행렬

<그림 16>은 rowCounts 명령어를 실행한 후, realRatingMatrix 클래스로 묶여있는 데이터를 행렬의 형태로 풀어본 일부이다. 이 행렬을 보면 가로 행에는 사용자 식별번호(121505, 106605, 123863…)가 있고 세로 열에는 아이템 번호(19, 20, 21, 23…)가 있는 것을 알 수 있다. 이를 해석하면 '121505'이라는 사용자가 20번 아이템을 한 번 샀고, '106605' 사용자가 25번 아이템을 두 번 샀다고 할 수 있다. '123863'이라는 사용자는 20번 아이템을 8번이나 구매했다. 이 행렬에 있는 아이템들의 행(row)을 각각 세어보면 값이 들어있는 행의 갯수가 모두 5이상인 것을 확인할 수 있을 것이다.

데이터 처리를 마쳤으면 추천모델을 만들어 보자.

```
model <- Recommender(trainingSet,method="UBCF",par
    ➥ameter ="Cosine")
```

위의 코드는 학습데이터를 읽어 들여서 User-based 알고리즘과 코사인 유사도를 적용하여 추천모델을 생성한 것이다. 생성된 추천모델은 model이라는 변수에 저장된다. 3장에서 학습한 바와 같이 평가자료가 연속 값인 경우, 코사인 유사도 외에 아래와 같이 피어슨 상관계수를 적용한 추천도 가능하다.

```
model <- Recommender(trainingSet,method="UBCF",par
    ➥ameter ="Pearson")
```

서로 다른 유사도 측정치 중 어떤 것이 가장 정확한지는 데이터와 상황에 따라 다르다. ABC회사의 데이터의 경우는 어떤지 아래 시뮬레이션 부분에서 다시 자세히 살펴볼 것이다. 또한 Neighbor 크기에 따른 추천정확도 비교에 관한 내용도 다음 시뮬레이션 부분에서 자세히 살펴볼 것이다.

```
recommenderUserList<-r[-traningData]
```

전체 4,945명의 사용자 중 4,500명의 사용자에 대한 구매이력을 학습데이터로 사용하였으므로, 나머지 445명의 사용자에 대한 추천리스트를 보고자 한다. 추천 리스트를 보고자 하는 사용자들을 recommenderUserList라는 변수에 저장한다.

```
recommendList<-predict(model,recommenderUserList,n=5)
```

이 코드는 앞에서 만든 추천모델을 적용하여 추천대상이 되는 각 사용자들에 대해 5개씩의 추천을 만들라는 명령이다. 이때 사용하는 명령어는 predict이다. 추천 시스템은 어떤 결과를 내놓았을까? 이것을 확인하기 위해 아래 명령을 실행하면 된다.

```
as(recommendList,"list")
```

recommendList라는 변수를 list 형태로 변환하여 결과를 보자. 콘솔 창에 445명에 대한 추천 아이템들이 각각 5개씩 출력되는 것을 볼 수 있다. 아래는 출력분 중 일부 사용자(443, 444, 445)에 대한 추천 리스트이다.

```
[[443]]
[1] "241" "248" "47"  "538" "96"

[[444]]
[1] "19" "21" "23" "24" "25"

[[445]]
[1] "19" "20" "21" "23" "24"
```

그림 17　추천 리스트

❸ 추천 정확도 분석을 위한 시뮬레이션

그 다음은 추천의 정확도를 측정하여야 한다.

```
scheme <- evaluationScheme(r,method="split",
    ➥train=.8, given=6, goodRating=4 , k=3)
scheme
```

우선, 추천의 평가 방식을 지정하고 저장한다. 평가방식이란 데이터 중 얼마를 평가 대상으로 하고, 평가의 방식은 어떻게 되는지 등을 말하며 이를 evaluation scheme이라 부른다. 위의 코드에서는 한 평가 방식을 지정하고 이를 scheme이라는 변수에 저장한다.

method에 split을 입력하면 전체 데이터 셋을 우리가 지정한 비율로 분할하여 검정한다. cross라고 입력하면 교차검정을 실시한다. 교차검정이라는 것은 전체 데이터 셋을 k개의 데이터 셋으로 나누고 한 데이터 셋을 뺀 나머지를 학습 데이터 셋으로 사용하는 것이다. k번 반복하기 때문에 결국 모든 데이터 셋이 한 번씩 평가대상이 된다. bootstrap을 지정하면 bootstrapping을 통해서 학습 데이터 셋을 만든다.

train은 split과 bootstrap 방법을 사용하는 경우 학습에 사용하는 데이터 비율로서 위의 코드는 이를 80%로, 나머지 20%를 평가 데이터로 한 것을 의미한다.

given은 사람당 몇 개의 아이템을 평가할 것인가 하는 것이다. 3장에서 설명한 정확도(precision)나 재현율(recall)을 계산하기 위해서는 정답 아이템이 필요한데 그 정답 아이템의 수를 지정하는 것이다. <그림 6>의 Validation set에 해당하는 아이템의 수이다.

goodRating은 평가에서 고려되는 아이템의 기준이다. 위에서 goodRating=4로 지정했기 때문에 평가(ABC회사의 경우에는 구매)한 사용자가 4명 이상인 아이템은 모두 평가의 대상이 된다.

k는 시뮬레이션을 돌리는 횟수가 된다. 시뮬레이션에서 학습 데이터와 평가 데이터의 선택 등이 랜덤 샘플링으로 이루어지기 때문에 시뮬레이션을 실행할 때마다 결과가 조금씩 달라질 수 있다. 그래서 여러 번의 시뮬레이션을 돌릴 필요가 있는데, 너무 적게 돌리면 결과의 편차가 크고, 너무 많이 돌리면 크게 개선되는 것이 없이 계산 시간만 많이 들기 때문에 적절한 k는 실제로 돌려보면서 경험을 통해 결정할 필요가 있다.

평가 scheme에 대한 자세한 정보는 아래와 같이 콘솔창에서 확인할 수 있다.

```
> scheme
Evaluation scheme with 6 items given
Method: 'split' with 3 run(s).
Training set proportion: 0.800
Good ratings: >=4.000000
Data set: 793 x 689 rating matrix of class 'realRatingMatrix'
with 10543 ratings.
```

그림 18 scheme 정보

다음으로 시뮬레이션에 사용할 알고리즘과 각 유사도 지표의 종류를 지정한다.

```
algorithms <- list(
 "user-based CF_Cosine" = list(name="UBCF",
    ➥param=list(method="Cosine")),
 "user-based CF_Pearson" = list(name="UBCF",
    ➥param=list(method="Pearson"))
)
```

위의 코드는 CF의 User-based 알고리즘을 이용하여 Cosine 유사도와 Pearson 상관계수에 대한 시뮬레이션을 실시하도록 하는 명령이다. 그 다음 사용자당 생산할 추천 아이템 개수를 지정한다. 아래의 코드에서는 1, 3, 5개를 생산하도록 지정하였다.

```
results<- evaluate(scheme, algorithms, n=c(1,3,5))
results
avg(results)
```

Avg(results) 명령어를 실행하면 FPR, TPR 등을 모두 포함한 결과값 테이블을 볼 수 있다.

```
> avg(results)
$`user-based CF_Cosine`

n          TP        FP        FN       TN        PP
  1 0.03354298 0.9622642 0.5366876 681.4675 0.9958071
  3 0.07547170 2.9119497 0.4947589 679.5178 2.9874214
  5 0.10272537 4.8763103 0.4675052 677.5535 4.9790356

n      recall  precision        FPR        TPR
  1 0.05983368 0.03367566 0.001410056 0.05983368
  3 0.13288221 0.02526780 0.004267030 0.13288221
  5 0.18007974 0.02063795 0.007145509 0.18007974

$`user-based CF_Pearson`

n          TP        FP        FN       TN        PP
  1 0.02935010 0.3480084 0.5408805 682.0818 0.3773585
  3 0.03773585 1.0943396 0.5324948 681.3354 1.1320755
  5 0.04402516 1.8427673 0.5262055 680.5870 1.8867925

n      recall  precision          FPR        TPR
  1 0.05135111 0.08016894 0.0005099522 0.05135111
  3 0.06667578 0.03458071 0.0016035863 0.06667578
  5 0.07884256 0.02390907 0.0027002928 0.07884256
```

그림 19 유사도에 따른 시뮬레이션 결과

위의 <그림 19>는 콘솔창에 나타난 시뮬레이션 결과이다. 'k = 3'이라고 옵션을 두어 총 3번의 시뮬레이션을 하였고, 그 평균값들을 나타낸다. 위의 결과에 따르면 Cosine 유사도를 적용하는 것이 Pearson 상관계수를 적용하는 것보다 precision이나 recall이 대체로 높아서 추천 성능이 뛰어남을 볼 수 있다.

적용할 유사도를 결정하였으면, 이번에는 Neighbor 크기를 결정하도록 하자. 아래에서 nn은 추천을 구하는 Neighbor 크기를 의미한다. 위에서 설명했듯이 최적의 Neighbor 크기는 도메인과 상황에 따라 다르기 때문에 다양한 크기를 가지고 시험적으로 시뮬레이션을 돌리면서 최적의 크기를 찾아낼 필요가 있다. 아래의 예에서는 20, 30, 40, 50, 60, 70의 크기에 대해서 시뮬레이션을 실행한다.

```
algorithms <- list(
  "user-based CF_c20" = list(name="UBCF",
    ➥param=list(method="Cosine", nn=20)),
  "user-based CF_c30" = list(name="UBCF",
    ➥param=list(method="Cosine", nn=30)),
  "user-based CF_c40" = list(name="UBCF",
    ➥param=list(method="Cosine", nn=40)),
  "user-based CF_c50" = list(name="UBCF",
    ➥param=list(method="Cosine", nn=50)),
  "user-based CF_c60" = list(name="UBCF",
    ➥param=list(method="Cosine", nn=60)),
  "user-based CF_c70" = list(name="UBCF",
    ➥param=list(method="Cosine", nn=70))
)
```

실행결과를 그래프로 보고 싶다면 아래의 명령어를 실행하자.

```
plot(results, annotate=TRUE, legend="topleft")
plot(results, "prec/rec", annotate=TRUE,
    ➥legend="bottomright")
```

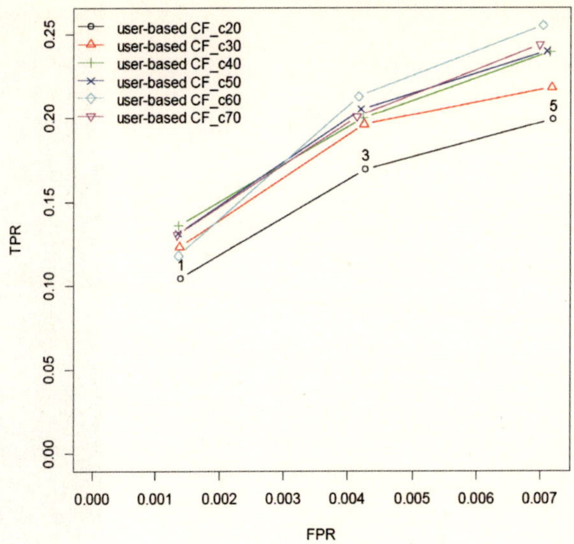

그림 20 TPR, FPR 그래프

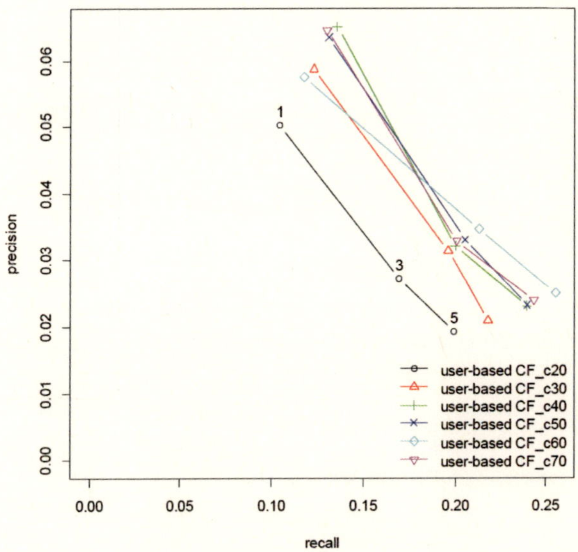

그림 21 precision, recall 그래프

Annotate는 그래프에 나타나는 주석을 의미한다. 만약 위의 코드에서 annotate=FALSE로 입력을 하면 사용자당 생산할 추천 아이템 개수를 의미하는 '1', '3', '5'가 그래프에 나타나지 않는다.

위에서 설명한 바와 같이 FPR, TPR 등을 모두 포함한 결과값 테이블을 얻고자 한다면 아래의 명령어를 실행한다.

```
avg(results)
```

위의 3장에서 설명했던 정확도 지표 계산을 알아보자. recommenderlab에서는 시뮬레이션에서 recall과 precision을 자동으로 계산해 준다. F값은 이 두 값을 가지고 별도로 계산을 해야 한다. 아래의 예에서 결과에서 recall값을 나타내는 것이 (avg(results)$ user-based CF_c20)[,"recall"]이다. F_c20에 계산된 F값을 저장한다.

1) 이웃 그룹의 수가 20인 경우

```
recall_c20<-(avg(results)$`user-based CF_c20`)
    ➥[,"recall"]
precision_c20<-(avg(results)$`user-based CF_c20`)
    ➥[,"precision"]
F_c20=2*(precision_c20*recall_c20)/(precision_
    ➥c20+recall_c20)
mean(F_c20)
```

2) 이웃의 그룹의 수가 30인 경우

```
recall_c30<-(avg(results)$`user-based CF_c30`)
    ➡[,"recall"]
precision_c30<-(avg(results)$`user-based CF_c30`)
    ➡[,"precision"]
F_c30=2*(precision_c30*recall_c30)/(precision_
    ➡c30+recall_c30)
mean(F_c30)
```

나머지 이웃 그룹의 수가 40, 50, 60, 70개인 경우의 코드는 반복되므로 생략하도록 한다. 이 책에서 제공하는 소스코드에 들어있으니 확인을 해보도록 하자.

다음으로는 각 Neighbor 크기의 변화에 따라 정확도가 어떻게 바뀌는지를 살펴보고 최적의 Neighbor 크기를 결정해야 한다. 이를 위해 우선 각 Neighbor 크기에 따른 정확도 값을 아래와 같이 하나의 변수로 합쳐서 넣는다.

```
a<-cbind(
 cbind(recall_c20,precision_c20,F_c20),
 cbind(recall_c30,precision_c30,F_c30),
 cbind(recall_c40,precision_c40,F_c40),
 cbind(recall_c50,precision_c50,F_c50),
 cbind(recall_c60,precision_c60,F_c60),
 cbind(recall_c70,precision_c70,F_c70))
```

아래와 같이 결과값을 확인한다.

```
print(a)
```

위의 코드를 실행하면 화면에 precision, recall, F값을 출력해 준다.

위의 그래프를 보면 이웃 그룹의 수가 늘어날수록 추천 성능이 좋아지다가(F값이 높아지다가) 60 이후부터는 다시 그래프가 하강곡선을 그리는 것을 확인할 수 있다. 즉, 이웃 그룹의 수를 60명으로 하였을 때 추천 성능이 가장 좋음을 알 수 있다. 위의 그래프에서 F값은 1, 3, 5개 추천일 때의 F값들을 평균한 값이다.

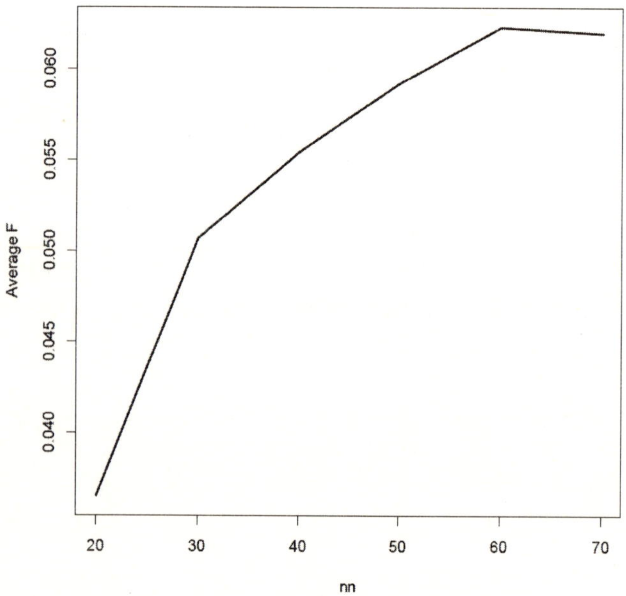

그림 22　이웃 그룹의 수에 따른 F값 평균 그래프

2) Item-based CF

이번에는 Item-based CF의 예를 살펴보기로 하자. ABC 회사의 데이터를 살펴보았더니 소비자가 구매하는 제품에는 일정한 패턴이 있음을 알게 되었다고 하자. 예를 들어 단백질 보충제를 구입하는 소비자는 대부분 비타민 보충제도 같이 구매하는 식이다. 그렇다면 개별 소비자 간의 유사성보다는 아이템 간의 유사성이 추천의 정확성을 높여줄 가능성이 있다. 그래서 Item-based CF를 적용해 보기로 한다.

❶ 데이터 읽어 들이기

```
data<-read.csv("D:/sample.csv",head=FALSE,sep=",")
```

데이터를 읽는 것은 위의 User-based CF와 동일하다. 한 가지 기억할 것은 이 데이터는 소비자의 각 제품의 구매 횟수이다. 여기에 한 가지 문제가 있다. 위 3장에서 설명하였듯이 Item-based CF는 아이템 간의 유사도를 바탕으로 추천을 하는데 아이템 간의 유사도를 소비자의 구매 횟수로 계산하면 정확하지 않을 것이다. 오히려 횟수보다는 그 제품을 구매했는가/안했는가가 아이템의 유사도를 계산하는 데 더 정확한 자료일 수가 있다. 그래서 아래와 같이 자료를 이진화(binarize)할 필요가 있다.

❷ 추천 알고리즘 적용해서 추천하기

자료의 이진화는 binarize( )함수를 사용하는데, 0과 1을 구분할 기준을 정해주어야 한다. 즉, 값이 얼마 이상인 경우에 1로 할 것인가를 지정해야 한다. ABC 회사의 경우에는 구매했다 혹은 안 했다가 기준이므로 1 이상은 모두 1로 하면 된다. 아래 코드에서 minRating=1은 1의 값을 갖기 위한 최소값이 1이라는 의미, 즉 1 이상은 모두 1로 하고 그 이하는 모두 0으로 변환하라는 의미이다.

```
r <- as(data, "realRatingMatrix")
r_b <- binarize(r, minRating=1)
```

데이터 변환이 잘 이루어졌는지 확인을 위해, 데이터 앞의 일부 확인하기 위해 아래 코드를 사용하면 된다.

```
head(as(r_b,"matrix"))
```

앞의 User-based CF와 마찬가지로 학습데이터를 준비한다. 단, 이번엔 binarized된 데이터이다.

```
traningData<- sample(4945,4500)
trainingSet<-r_b[traningData]
```

User-based CF의 경우와 마찬가지로 행(row)의 총합이 최소 5 이상 되는 아이템들만 아래와 같이 선택하여 추천 계산식에 이용하기로 한다.

```
trainingSet<-trainingSet[rowCounts(trainingSet)>5]
```

추천모델을 만들기로 한다. 아래 코드는 Item-based CF를 사용하고 유사도 측정방법으로 Jaccard를 사용하라는 의미이다. Jaccard는 3장에서 설명한 Tanimoto 측정치와 같은 것으로서 이진수 데이터의 경우 널리 쓰인다.

```
model <- Recommender(trainingSet,method="IBCF",par
    ➡ameter ="Jaccard")
```

그 다음 추천을 만들 사용자 리스트를 지정한다.

```
recommenderUserList<-r_b[-traningData]
```

위의 추천 대상 사용자에 대한 추천을 실제로 구한다.

```
[[443]]
[1] "241" "248" "47"  "538" "96"

[[444]]
[1] "19" "21" "23" "24" "25"

[[445]]
[1] "19" "20" "21" "23" "24"
```

그림 23 추천 리스트

```
recommendList<-predict(model,recommenderUserList,n=5)
```

실제 추천 결과(추천된 아이템)는 아래 코드를 사용해서 볼 수 있다.

```
as(recommendList,"list")
```

❸ 추천 정확도 분석을 위한 시뮬레이션

Item-based CF의 추천 평가 방법은 User-based CF의 경우와 기본적으로는 동일하다. 우선 아래와 같이 평가 scheme을 지정하고 저장한다. 여기에서도 평가 방법으로 split을, 학습 데이터를 80%로, 사람당 평가하는 아이템 수(given)를 6으로, 시뮬레이션 반복 횟수를 3으로 지정한다.

```
scheme <- evaluationScheme(r_b,method="split",
    ➥train=.8,given=6,k=3)
scheme
```

```
> scheme
Evaluation scheme with 6 items given
Method: 'split' with 3 run(s).
Training set proportion: 0.800
Good ratings: >=NA
Data set: 793 x 689 rating matrix of class 'binaryRatingMatrix'
with 10543 ratings.
```

그림 24 scheme 정보

그 다음으로 평가할 조건을 지정한다. 이 경우는 이진수 데이터이므로 Jaccard 유사도 계산방법을 사용한다.

```
algorithms <- list(
 "item -based CF" = list(name="IBCF",
    ➥param=list(method=" Jaccard "))
)
```

그 다음, 사용자당 생산할 추천 아이템 개수를 지정한다. 여기에서도 1, 3, 5 세 가지에 대해서 평가하기로 한다. 평가한 결과가 results변수에 저장되었다.

```
results<- evaluate(scheme, algorithms, n=c(1,3,5))
results
```

avg(results) 명령어를 실행하여 결과값들을 확인하자.

```
avg(results)
```

위의 코드로 보여지는 결과에는 recall과 precision을 비롯한 값들이 표시된다. F값을 계산하고 싶다면 앞의 User-based CF의 R 코드와 동일하게 입력하고 'User-based' 대신에 'Item-based'라고 입력하면 된다.

```
> avg(results)
$`item -based CF`

n           TP        FP       FN       TN PP
  1 0.09224319 0.9077568 7.106918 674.8931  1
  3 0.26205451 2.7379455 6.937107 673.0629  3
  5 0.34800839 4.6519916 6.851153 671.1488  5

n       recall  precision         FPR        TPR
  1 0.01295934 0.09224319 0.001343235 0.01295934
  3 0.03665553 0.08735150 0.004051399 0.03665553
  5 0.04861193 0.06960168 0.006883652 0.04861193
```

그림 25 시뮬레이션 결과

위의 <그림 25> 결과를 보면 recall이 User-baed CF보다 낮아서 추천성능이 떨어지는 것을 확인할 수 있다.

그 결과를 그림으로 표시해 보기로 한다.

```
plot(results, annotate=TRUE, legend="topleft")
plot(results, "prec/rec", annotate=TRUE,
    ➥legend="bottomright")
```

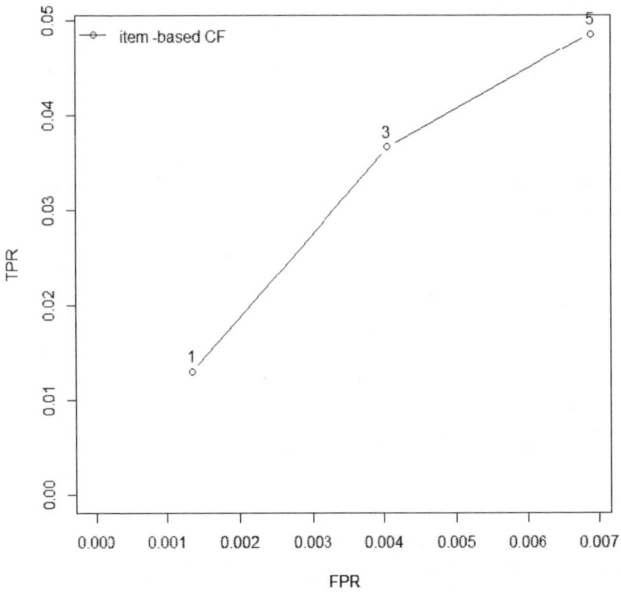

그림 26 TPR, FPR 그래프

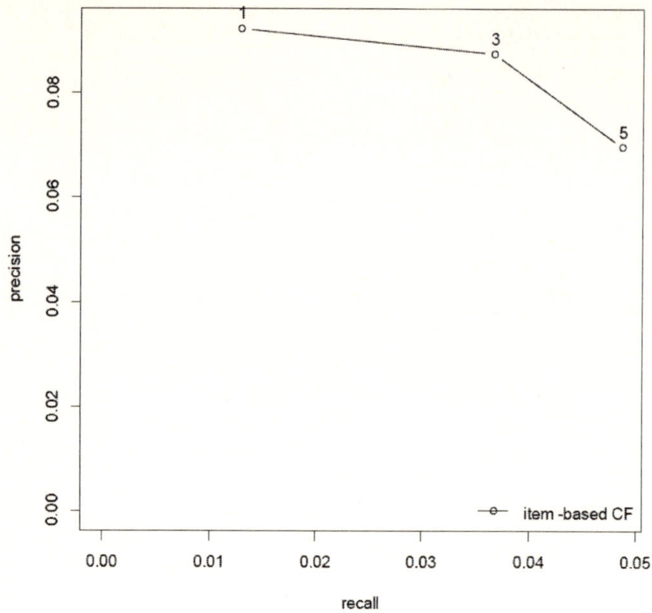

그림 27 **precision, recall 그래프**

❹ 최적의 세팅 결정

이상의 분석을 통해서 ABC회사의 경우에는 User-based CF가 Item-based CF보다 더 정확함을 알 수 있다. User-based CF에서도 Cosine 유사도 지표가 Pearson correlation보다 성능이 더 좋으며 최적의 Neighbor 크기는 60정도임을 알 수 있다. 만일 ABC회사를 위해서 추천 시스템을 만든다면 이상의 세팅으로 구현하는 것이 최적일 것이다. 다시 한 번 강조하고 싶은 것은, 이 세팅은 ABC회사의 경우이며 최적의 세팅은 케이스에 따라 달라질 것이라는 점이다.

4.5 추천 시스템의 구현

앞에서 R을 사용해서 추천 시스템을 적용하고자 하는 도메인에 대한 최적의 시스템 셋팅에 대한 분석에 대해서 다루었다. 최적의 추천방법(User-based vs. Item-based 그리고 연속값 vs. 이진값), 유사도 측정방법, 최적의 Neighbor 크기 등을 분석하는 방법을 설명하였다. 그 다음 단계는 실제로 추천 시스템을 해당 도메인에 적용하는 것이다.

실제 추천 시스템을 구축하고 사용하기 위해선 여러 가지 해결해야 할 과제가 있다. 이 중 중요한 것에 대해서 설명하고자 한다.

1) 신규 사용자와 아이템(Cold start problem)

3장에서 설명하였듯이 협업필터링은 기본적으로는 데이터가 없는 사용자나 아이템에 대해서는 추천을 만들어 낼 수 없다. 그래서 데이터가 없는 사용자나 아이템에 대해서 어떻게

할지를 결정해야 한다. 보통은 추천을 위한 충분한 데이터가 없는 사용자에게는 모든 사용자에게 인기 있는 제품을 추천하는 방법을 사용한다. 다시 말해서 개인의 특성을 고려하지 않고 전체적으로 가장 인기 있는 소위 'best seller'를 추천해주는 것이다. 그러다가 그 사용자에 대한 데이터를 충분히 확보하면 실제 협업필터링을 적용하는 방식이다.

아이템의 경우에는 시간이 지나면서 그 아이템에 대한 데이터가 축적되면서 자연스럽게 추천이 가능해 지는 것이 보통이다. 만일, 이 시간을 단축하고 싶으면 사용자들에게 제시되는 추천 리스트에 신규 아이템을 임의로 한 번씩 넣어서 사용자의 클릭과 평가를 유도하는 방법을 사용할 수도 있다.

2) 확장성(Scalability)

사용자와 아이템이 많은 경우에는 계산량이 엄청나기 때문에 실시간으로 계산을 하는 방법으로 추천을 하는 것이 불가능한 경우가 많다. 이런 경우에는 주요 계산을 batch 방식으로 미리 해 놓고 그 결과를 가지고 있다가 사용자가 요청하는 경우 그 결과에 기반해서 추천을 제공하는 방식으로 구현하는 것이 보통이다. 만일 데이터가 정말로 커서 batch 처리 방식으로도 구현하기가 어렵다면 계산량이 적은 알고리즘을 고려해야 한다. Item-based CF가 User-based CF보다 계산량이 적다고 위에서 설명하였고, 그 외에도 계산량을 줄이기 위한 다양한 알고리즘들이 있다.

3) 혼합 시스템(Hybrid system)

앞에서 설명하였듯이 추천 시스템은 여러 가지 기술을 혼합할수록 정확하다고 알려져 있다. 따라서, 가능하면 다양한 종류의 데이터와 알고리즘을 섞어서 hybrid system을 구축하는 것을 고려하여야 한다. 예를 들어, 사용자가 직접 평가한 정보(연속값), 특정 제품 페이지를 보았는지 여부(이진값), 특정 제품을 쇼핑카트에 넣었는지 여부(이진값) 등등 다양한 정보를 어떻게 혼합하고 또한 다양한 알고리즘을 어떻게 결합할지를 고민해 봐야 한다. 어떤 방식으로 혼합 시스템을 만드는 것이 좋은지도 도메인과 주어진 상황에 따라 다르기 때문에 계속적으로 다양한 방법을 시도하면서 최적의 조합을 찾는 노력이 필요하다.

4) 추천의 활용(Presentation)

보통 추천 시스템은 고객에게 추천 리스트를 제공하는 데 사용된다고 생각하는데, 사실 추천 알고리즘은 다양한 방법으로 활용할 수 있다. Amazon처럼 고객에게 명시적으로 추천 리스트라고 알려 주고 추천을 제시할 수도 있지만, 추천 알고리즘으로부터 어떤 고객이 선호할만한 아이템 리스트를 산출한 후에 이를 고객이 보는 일반적인 페이지의 한 쪽에 표시할 수도 있고, 고객이 검색을 하는 경우 검색 결과의 정렬을 고객의 예상 선호도를 기준으로 해서 검색결과의 정확성을 높이는 등의 다양한 방법으로 활용할 수 있다. 어떤 방법으로 활용하는 것이 좋은지는 도메인과 고객의 특성 등에 따라 다를 수 있다.

제 5 장

요약 및 결론

추천 알고리즘은 다양한 종류가 존재하지만 여기에서는 협업필터링에 대해 다루었다. 협업필터링은 사람들의 선호나 취향에 일정한 패턴이 있기 때문에 유한한 수의 동질적인 집단으로 나눌 수 있다는 가정하에 개발된 기술이다. 특정 사용자와 취향이나 선호가 비슷한 사용자 집단(Neighbor)을 골라내고 이들의 정보를 활용해서 그 특정 사용자에 대한 추천을 하는 User-based CF가 대표적이다. 그 외에도 아이템에 대한 사용자의 평가를 기반으로 유사한 아이템을 집단으로 묶고 이를 기반으로 추천을 하는 Item-based CF도 있다.

사용 가능한 정보의 종류에 따라 연속값을 사용할 수도 있고 이진값을 사용할 수도 있는데, 정보의 종류에 맞는 알고리즘을 사용해야 한다. 또한 각 알고리즘 별로 최적의 세팅을 찾기 위해서 여러 가지 조합을 가지고 시뮬레이션을 하면서 최적의 값을 찾는 것이 필요하다. 추천 시스템은 패키지 형태로 구입해서 설치하면 바로 쓸 수 있는 시스템이 아니기 때문에 작은 규모로 시작해서 시행착오를 거쳐가면서 상황에 맞는 최적의 시스템을 만들어 가는 것이 필요하다.

제 6 장

연습문제

1. 앞에서 사용한 ABC회사의 데이터를 사용해서 다음의 분석을 하시오. User-based CF 방법으로 임의의 3명의 사용자에 대한 추천 아이템을 사용자 당 5개씩 구하시오. 이때, 유사도 측정지표는 Cosine계수를 사용하시오.

```
#####################################
# 연습문제 1.
#####################################
# 데이터 로딩
data<-read.csv("D:/sample.csv",head=FALSE,sep=",")
# 데이터형을 realRatingMatrix로 변환
r <- as(data, "realRatingMatrix")
# 테스트셋으로 사용할 3명의 데이터를 제외한, 데이터를
    ➥학습데이터로 선정
traningData<- sample(4945,4942)
trainingSet<-r[traningData]
# 행의 총합 5개 이상의 아이템만 선택, 많이 팔리지 않은
    ➥아이템을 제외시킴
trainingSet<-trainingSet[rowCounts(trainingSet)>5]
#모델생성
model <- Recommender(trainingSet,method="UBCF",par
    ➥ameter ="Cosine")
#추천을 받을 사용자리스트
recommenderUserList<-r[-traningData]
#추천실시
recommendList<-predict(model,recommenderUserList,n=5)
```

```
#추천받은 리스트 보기
as(recommendList,"list")
```

```
[[1]]
[1] "19" "20" "21" "23" "24"

[[2]]
[1] "19" "20" "21" "23" "24"

[[3]]
[1] "19" "21" "23" "24" "25"
```

그림 28 연습문제 1의 콘솔 결과화면

2. 같은 데이터를 사용해서 Item-based CF 방법으로 임의의 3명의 사용자에 대한 추천 아이템을 사용자 당 5개씩 구하시오. 이때, 유사도 측정지표는 Jaccard 지표를 사용하시오.

```
###################################
# 연습문제 2.
###################################
# 패키지를 로딩
library(recommenderlab)
# 데이터 로딩
data<-read.csv("D:/sample.csv",head=FALSE,sep=",")
# 데이터형을 realRatingMatrix로 변환
r <- as(data, "realRatingMatrix")
# Jaccard 지표사용을 위해 이산화함
r_b <- binarize(r, minRating=1)
# 테스트셋으로 사용할 3명의 데이터를 제외한,나머 데이터를
    ➡학습데이터로 선정
traningData<- sample(4945,4942)
trainingSet<-r_b[traningData]
trainingSet<-trainingSet[rowCounts(trainingSet)>5]
#모델생성
model <- Recommender(trainingSet,method="IBCF",par
    ➡ameter ="Jaccard")
recommenderUserList<-r_b[-traningData]
#추천실시
```

```
recommendList<-predict(model,recommenderUserList
    ➥,n=5)
#추천받은 리스트 보기
as(recommendList,"list")
```

```
[[1]]
[1] "20"  "755" "412" "795" "47"

[[2]]
[1] "769" "373" "20"  "502" "867"

[[3]]
[1] "679" "291" "89"  "20"  "910"
```

그림 29 연습문제 2의 콘솔 결과화면

3. ABC 회사의 데이터를 사용해서 User-based CF의 정확도를 평가하려고 한다. 아래의 평가 방법을 사용해서 정확도(precision)와 재현율(recall)을 그래프로 그리고 유사도 지표로써 Pearson correlation과 Cosine 중 어떤 것이 우월한지 평가하고 또한 이 때 최적의 Neighbor 크기를 구하시오.

- 사용자 평가를 최소한 4개 이상 받는 아이템만 골라서 평가에 사용
- 교차검증(cross-validation) 방법을 사용
- 평가한 사용자가 최소한 7명 이상이 되는 아이템을 대상으로 (goodRating)
- 평가 대상(Validation set) 아이템(given)을 사용자당 4개로 하고
- 계산을 3번 반복
- 추천 아이템을 사용자 당 1개와 3개씩 구해서 정확도를 평가하고
- Neighbor 크기는 얼마가 좋을지 몰라서 50, 55, 60, 65, 70을 비교

```
###################################
# 연습문제 3.
###################################
# 데이터 로딩
data<-read.csv("D:/sample.csv",head=FALSE,sep=",")
# 데이터형을 realRatingMatrix로 변환
r <- as(data, "realRatingMatrix")
# 사용자 평가를 최소한 4개 이상 받는 아이템만 골라서
    ➥평가에 사용
r<-r[rowCounts(r)>4]

# 추천의 평가방식을 저장,
#split은 분할, crosss는 교차검정
# train 은 모델만드는 데이터 비율로서 아래 코드는 이를
    ➥80%로, 나머지 20%를 평가셋으로 한 것을 의미
# given은 사람당 평가하는 아이템 수
# K는 시뮬레이션 반복횟
scheme <- evaluationScheme(r,method="cross", train
    ➥=.8,given=4,goodRating=7,k=3)
scheme

# 최적의 유사도지표와 Neighbor 수 구하기
algorithms <- list(
 "user-based CF_c20" = list(name="UBCF",
    ➥param=list(method="Cosine", nn=50)),
 "user-based CF_c30" = list(name="UBCF",
    ➥param=list(method="Cosine", nn=55)),
 "user-based CF_c40" = list(name="UBCF",
    ➥param=list(method="Cosine", nn=60)),
 "user-based CF_c50" = list(name="UBCF",
    ➥param=list(method="Cosine", nn=65)),
 "user-based CF_c70" = list(name="UBCF",
    ➥param=list(method="Cosine", nn=70)),
 "user-based CF_p20" = list(name="UBCF",
    ➥param=list(method="Pearson", nn=50)),
```

```
  "user-based CF_p30" = list(name="UBCF",
     ➥param=list(method="Pearson", nn=55)),
  "user-based CF_p40" = list(name="UBCF",
     ➥param=list(method="Pearson", nn=60)),
  "user-based CF_p50" = list(name="UBCF",
     ➥param=list(method="Pearson", nn=65)),
  "user-based CF_p70" = list(name="UBCF",
     ➥param=list(method="Pearson", nn=70))
)
results<- evaluate(scheme, algorithms, n=c(1,3))
# 결과 출력
avg(results)
# 그래프 그리기
plot(results, "prec/rec", annotate=TRUE,
     ➥legend="bottomright")
```

```
$`user-based CF_c50`
          TP        FP        FN       TN  precision    recall       TPR         FPR
1 0.01722391 0.9341439 0.1398176 683.9088 0.01809117 0.1323901 0.1323901 0.001363971
3 0.03748734 2.8166160 0.1195542 682.0263 0.01312915 0.2974320 0.2974320 0.004112684

$`user-based CF_c55`
          TP        FP        FN       TN  precision    recall       TPR         FPR
1 0.01621074 0.9199595 0.1408308 683.9230 0.01731963 0.1225862 0.1225862 0.001343249
3 0.03647416 2.7720365 0.1205674 682.0709 0.01299061 0.2917317 0.2917317 0.004047559

$`user-based CF_c60`
          TP        FP        FN       TN  precision    recall       TPR         FPR
1 0.01621074 0.9047619 0.1408308 683.9382 0.01762407 0.1225862 0.1225862 0.001321058
3 0.03546099 2.7274569 0.1215805 682.1155 0.01284465 0.2819277 0.2819277 0.003982468

$`user-based CF_c65`
          TP        FP        FN       TN  precision    recall       TPR         FPR
1 0.01519757 0.8865248 0.1418440 683.9564 0.01685800 0.1173778 0.1173778 0.001294424
3 0.03546099 2.6697062 0.1215805 682.1733 0.01311432 0.2813150 0.2813150 0.003898115

$`user-based CF_c70`
          TP        FP        FN       TN  precision    recall       TPR         FPR
1 0.01519757 0.8682877 0.1418440 683.9747 0.01722322 0.1231803 0.1231803 0.001267805
3 0.03748734 2.6129686 0.1195542 682.2300 0.01414882 0.3009228 0.3009228 0.003815269
```

그림 30 연습문제 3. Cosine의 결과

```
$`user-based CF_p50`
           TP         FP        FN       TN  precision     recall        TPR          FPR
1 0.002026342 0.0952381 0.1550152 684.7477 0.014814815 0.02083333 0.02083333 0.0001390380
3 0.002026342 0.2897670 0.1550152 684.5532 0.004938272 0.02083333 0.02083333 0.0004230391

$`user-based CF_p55`
           TP          FP        FN       TN  precision     recall        TPR          FPR
1 0.002026342 0.08004053 0.1550152 684.7629 0.017543860 0.02083333 0.02083333 0.0001168518
3 0.002026342 0.24417427 0.1550152 684.5988 0.005847953 0.02083333 0.02083333 0.0003564804

$`user-based CF_p60`
           TP          FP        FN       TN  precision     recall        TPR          FPR
1 0.002026342 0.07294833 0.1550152 684.7700 0.019047619 0.02083333 0.02083333 0.0001064982
3 0.002026342 0.22289767 0.1550152 684.6201 0.006349206 0.02083333 0.02083333 0.0003254197

$`user-based CF_p65`
           TP          FP        FN       TN  precision     recall        TPR          FPR
1 0.001013171 0.05876393 0.1560284 684.7842 0.012345679 0.01041667 0.01041667 8.579109e-05
3 0.001013171 0.17831814 0.1560284 684.6646 0.004115226 0.01041667 0.01041667 2.603357e-04

$`user-based CF_p70`
           TP          FP        FN       TN precision     recall        TPR          FPR
1 0.001013171 0.05471125 0.1560284 684.7882 0.01388889 0.01041667 0.01041667 7.987259e-05
3 0.001013171 0.16616008 0.1560284 684.6768 0.00462963 0.01041667 0.01041667 2.425803e-04
```

그림 31 연습문제 3. Pearson의 결과

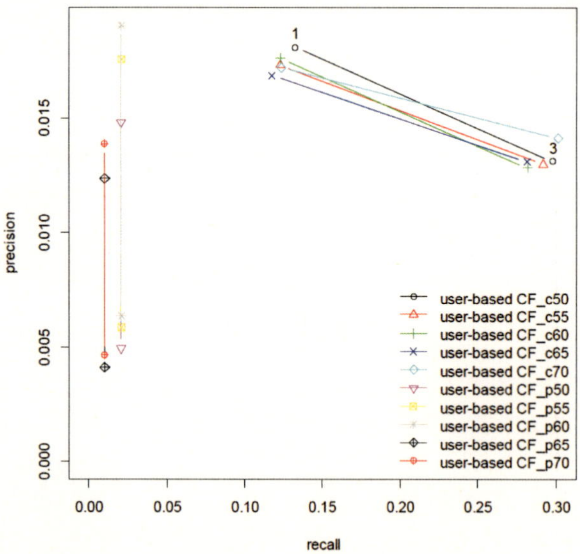

그림 32 연습문제 3의 Precision, Recall 그래프

위의 시뮬레이션 결과, 최적의 유사도 지표는 Cosine이고, 최적의 Neighbor 수는 50명이다.

4. Item-based CF의 정확도를 평가하시오. 아래의 평가방법을 사용해서 정확도(precision)와 재현율(recall)을 그래프로 그리시오. Binarize의 기준을 1번 이상 구매와 2번 이상 구매 중 어떤 것으로 하는 것이 더 좋은지 판단하시오.

– 1번 이상을 구매하면 1의 값을 부여하는 것과 2번 이상을 구매해야 1의 값을 부여하는 것을 비교하고자 함
– 사용자 평가를 최소한 4개 이상 받는 아이템만 골라서 평가에 사용
– 유사도 측정지표는 Jaccard를 사용
– 분리평가(split) 방법을 사용하고 훈련:검증 데이터의 비율을 7:3으로 함
– 평가 대상(Validation set) 아이템(given)을 사용자당 4개로 하고
– 계산을 5번 반복
– 추천 아이템을 사용자 당 2개와 4개, 6개씩 구해서 정확도를 평가

```
##################################
# 연습문제4.
##################################
# 데이터 로딩
data<-read.csv("D:/sample.csv",head=FALSE,sep=",")
r <- as(data, "realRatingMatrix")
###################################################
    ###############
# Binarize의 기준을 1번 이상 구매한 것으로 함.
###################################################
    ###############
r_b <- binarize(r, minRating=1)
# 행의 총합 4개 이상의 아이템만 선택, 많이 팔리지 않은
    ➥아이템을 제외시킴
r_b<-r_b[rowCounts(r_b)>4]

scheme <- evaluationScheme(r_b,method="split",
    ➥train=.7,given=4,k=5)
scheme
algorithms <- list(
 "item -based CF" = list(name="IBCF",
    ➥param=list(method="Jaccard"))
)
results<- evaluate(scheme, algorithms, n=c(2,4,6))
options(with=100)
results
windows();plot(results, "prec/rec", annotate=TRUE,
    ➥legend="bottomright")
avg(results)
###################################################
    ###############
#Binarize의 기준을 2번 이상 구매한 것으로 함.
###################################################
    ###############
r_b <- binarize(r, minRating=2)
```

```
# 행의 총합 4개 이상의 아이템만 선택, 많이 팔리지 않은
    ➥아이템을 제외시킴
r_b<-r_b[rowCounts(r_b)>4]

scheme <- evaluationScheme(r_b,method="split",
    ➥train=.7,given=4,k=5)
scheme
algorithms <- list(
 "item -based CF" = list(name="IBCF",
    ➥param=list(method="Jaccard"))
)
results<- evaluate(scheme, algorithms, n=c(2,4,6))
results
plot(results, "prec/rec", annotate=TRUE,
    ➥legend="bottomright")
avg(results)

options(with=100)
```

```
$`item -based CF`
         TP       FP       FN       TN  precision     recall        TPR         FPR
2 0.2161616 1.783838 7.495623 675.5044 0.10808081 0.04782457 0.04782457 0.002632107
4 0.3299663 3.670034 7.381818 673.6182 0.08249158 0.06938542 0.06938542 0.005416056
6 0.4370370 5.562963 7.274747 671.7253 0.07283951 0.08839913 0.08839913 0.008209960
```

그림 33 연습문제 4. 콘솔의 결과(Binarize 기준 = 1)

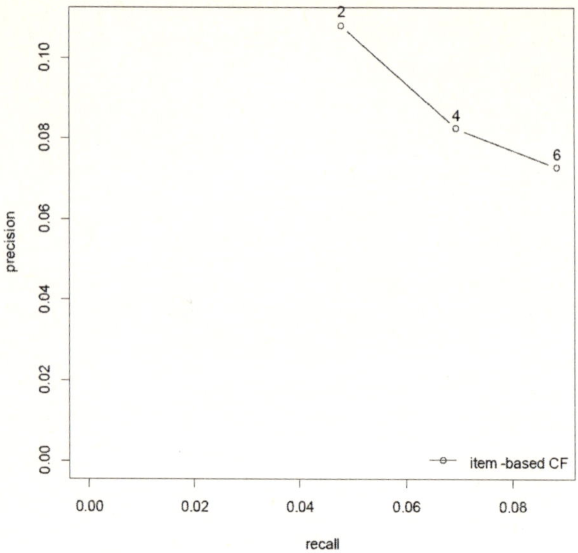

그림 34 연습문제 4의 Precision, Recall 그래프(Binarize 기준 = 1)

```
$`item -based CF`
      TP     FP     FN       TN  precision     recall        TPR         FPR
2 0.0625 1.9375 4.4025 678.5975 0.03125000 0.01910401 0.01910401 0.002847143
4 0.0925 3.9075 4.3725 676.6275 0.02312500 0.02554449 0.02554449 0.005741938
6 0.1625 5.8375 4.3025 674.6975 0.02708333 0.04659608 0.04659608 0.008578084
```

그림 35 연습문제 4. 콘솔의 결과(Binarize 기준 = 2)

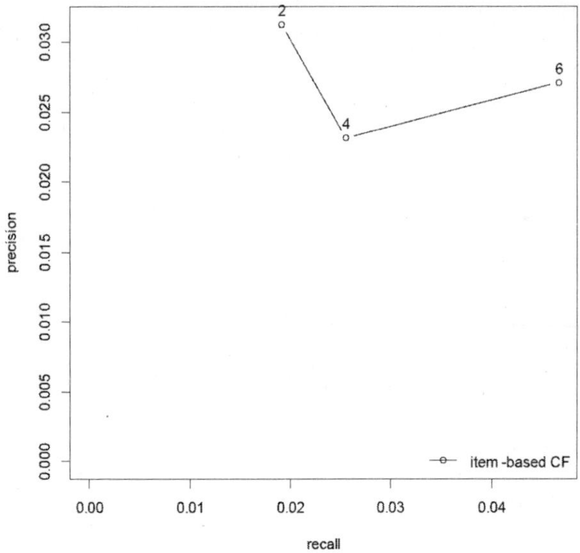

그림 36 연습문제 4의 Precision, Recall 그래프(Binarize 기준 = 2)

위의 시뮬레이션 결과, Binarize 기준을 1번 이상 구매한 것이 precision과 recall 모두 월등히 높은 것을 알 수 있다. 따라서 1번 이상 구매한 것을 1로 셋팅하는 것이 더 좋음을 확인할 수 있다.

찾아보기

ㄱ

과도적합 34

ㄴ

내용기반 필터링 3, 4

넷플릭스 4, 13

ㄷ

데이터 전처리 50

ㅂ

범위 39

ㅅ

상관계수 25

시뮬레이션 36

신뢰도 가중 35

ㅇ

아마존 4, 13, 16

유사도 25

유사성 8

ㅈ

재현율 39

전처리 21

정확도 39

지식기반 필터링 3, 5

집단 7

ㅊ

체계도 5

최적의 Neighbor 크기 30

추천 시스템 3

ㅋ

코사인 유사도 26
클릭스트림 4

ㅌ

타니모토 계수 27

ㅎ

하이브리드 기술 6
협업필터링 3
확장성 78

A

Accuracy 39
actual 40
amazon.com 4, 13

B

Best-N Neighbors 30
binarize 70
binaryRatingMatrix 55

C

CineMatch 14
clickstream 4
Cold start problem 77
collaborative filtering 3
collaborative filtering: CF 3
content-based filtering 3
content-based filtering: CB 4
conversion rate 18
correlation coefficient 25
Cosine 62
Coverage 39
cross 60

E

evaluationScheme 60, 73

F

factor 53
False positive recommendation 41
F measure 39
FPR 41, 42
F 측정치 39

G

given 60, 72
goodRating 61
grep 52

H

hybrid 6
Hybrid system 79

I

Item-based CF 21

J

Jaccard 71, 73

K

knowledge-based filtering 3
knowledge-based filtering: KB 5

M

MAD(Mean absolute deviation) 38
MSE(Mean squared error) 38

N

Neighbor 7, 8, 21, 29, 63
netflix.com 4, 13

O

ontology 5
over-fitting 34

P

Pearson 62
precision 39
Precision 39, 42
predict 59
predicted 40

R

read.csv 54
realRatingMatrix 55
recall 39
Recall 39, 42
Recommender 57, 71
recommenderlab 45
Recommender system 3
RMSE(Root mean squared error) 38
rowCounts 56, 71
RStudio 46

S

sample 56
Scalability 78
significance weighting 35
Similarity 8, 25
Simulation 36
split 60, 72

T

Tanimoto 71
Tanimoto coefficient 27

Thresholding 30

Top-N Best Neighbors 30

TPR 41, 42

Training set 36

Transaction 51

True positive recommendation 41

U

UBCF 62

User-based CF 21

V

Validation set 36